MÔR O GANU
HUNANGOFIANT DYLAN PARRY

THIS ITEM IS ON SPECIAL LOAN AS A SAMPLE OF WHAT IS AVAILABLE FROM MERTHYR TYDFIL PUBLIC LIBRARY SERVICE.

Whatever you need we can help – with books, audio books, free Internet access, information and much more. Even if you don't live near a branch library you can get access to the full lending collection from our mobile library service – stopping at a street near you!

It's easy to join – you only need to prove who you are.

Look at our website www.libraries.merthyr.gov.uk

MAE'R EITEM HON AR FENTHYCIAD ARBENNIG FEL SAMPL O'R HYN AR GAEL GAN WASANAETH LLYFRGELLOEDD CYHOEDDUS MERTHYR TUDFUL.

Beth bynnag ydych chi angen, fe allwn ni helpu – llyfrau ar dap, mynediad am ddim i'r Rhyngrwyd, gwybodaeth a llawer mwy. Os nad ydych chi'n byw wrth ynyl cangen o'r llyfrgell, fe allech chi gael mynediad at y casgliad llawn sydd ar gael I'w fenthyg trwy ein gwasanaeth llyfrgell symudol – sy'n dod I stryd gyfagos i chi!

Mae'n hawdd ymuno – does dim ond eisiau I chi brofi pwy ydych chi.

Edrychwch ar-lein ar www.libraries.merthyr.gov.uk

Argraffiad cyntaf: 2006

Rhif rhyngwladol: 1-84527-082-7

Mae'r cyhoeddwr yn cydnabod cefnogaeth ariannol
Cyngor Llyfrau Cymru

Cyhoeddwyd gan
Wasg Carreg Gwalch,
12 Iard yr Orsaf, Llanrwst, Conwy, LL26 0EH.
Ffôn: 01492 642031   Ffacs: 01492 641502
e-bost: llyfrau@carreg-gwalch.co.uk
lle ar y we: www.carreg-gwalch.co.uk

Argraffwyd a chyhoeddwyd yng Nghymru.

Cynnwys

Cyflwyniad

Mae wedi bod yn fwriad gen i i ysgrifennu llyfr erioed. Dim bod gen i fwy i'w ddweud na neb arall, ond mi hoffwn i rannu hynny o brofiadau gefais i yn fy mywyd efo chi. Ac y mae hi wedi bod yn fordaith reit stormus ar adegau.

Ond rydw i wedi bod yn lwcus iawn yn fy nheulu, a chael cyfeillion da fel Gwyn Trefor a Neville Jones, sydd wedi bod yn gefn i mi drwy'r amseroedd da a drwg.

Diolch o galon i bawb sydd wedi fy nghefnogi yn y byd canu dros y blynyddoedd. Mae fy nyled yn fawr i chi. Diolch hefyd i bawb a gyfrannodd at lunio'r llyfr hwn, i Emyr Owen am drefnu'r lluniau, i Emyr Pritchard am ei help efo hanes y teulu, i Ieuan Parry am gael rhyw fath o drefn ar yr holl beth, ond yn bennaf i Dafydd Meirion am ysgogi'r cyfan a rhoi hyder i mi fod gen i lyfr gwerth ei gyhoeddi. Colled greulon oedd colli Dafydd Mei mor ifanc ac rwy'n ddiolchgar i Alys am bob cydweithrediad wrth drosglwyddo'r gwaith i ofal Gwasg Carreg Gwalch.

Hoffwn gyflwyno'r llyfr i'm ffrind gorau, sef y wraig, Barbara, a'r plant, Neil, Lynne a Jane, ac er cof arbennig am Andrew, Brian a Sharon, fy nau frawd a'm chwaer.

Dylan Parry

Teyrngedau

Rydym yn adnabod Dylan ers chwarter canrif ac wedi rhannu llwyfan ag o droeon, sydd bob amser yn bleser. Noson o adloniant i godi calon rhywun a gewch yng nghwmni Dylan a Neil, ei fab. Bydd bob amser yn rhoi gwên ar wyneb pawb ac yn gallu cyfathrebu â'i gynulleidfa lle bynnag y bydd. Mae'n gyfeillgar ac annwyl â phawb ac mae gennym ni barch mawr tuag ato fel unigolyn ac fel canwr gwlad. Adloniant ar ei orau yw noson yng nghwmni Dylan a Neil ac mae canu gwlad yn ei waed.

Iona ac Andy

Pan ofynnwyd i mi gyfrannu ychydig eiriau at lyfr Dylan, doeddwn i ddim yn siŵr i ba gyfeiriad yr oeddwn am anelu, ai at Dylan y comedïwr neu at Dylan y canwr gwlad?

Mae o'n giamstar ar y ddau beth. Fe all gael cynulleidfa yn ei dyblau gyda'i hiwmor iach, a hynny bob amser yn adlewyrchu ei gymeriad pan mae'n perfformio ar lwyfannau theatrau Cymru fach. Dwi wedi bod yn ffodus o'i adnabod ers rhai blynyddoedd bellach, ac mi ga' i ddweud am Dylan, yn wahanol iawn i rai o'i gyd-artistiaid, ei fod o'n hen foi iawn.

Mi ges i gyfle hefyd i gyfrannu at ei albwm *Hen Wlad Llŷn* drwy gyd-ysgrifennu gyda Tudur Morgan y gân 'Eiddo i Arall'. (Diolch am y swlltyn, Dyl!)

Mi hoffwn gyfeirio hefyd at ei ddewrder, yn gyntaf drwy ymdopi â cholli ei frawd, ac wedyn colli llawer o gwsg yn ystod gwaeledd hir Neil, ei fab. A dwi'n gwybod bod colled arall wedi bod yn y teulu ers hynny. Ond mae Dylan yn brwydro ymlaen gyda'i gerddoriaeth a'i hiwmor.

Hir y parhaed y canu a'r diddanu. Pob lwc ar werthu'r llyfr, a diolch am dy ddawn.

John Jones (o John ac Alun)

Nid busnes difyr ydi canu bob amser, cofiwch. Efo'r rhedeg a rasio, cyrraedd lleoedd mewn pryd, yr oriau hwyr, a bod ar eich gorau o flaen cynulleidfa, mae o ar adegau yn dipyn o straen. Does yna felly ddim hir oes i bob partneriaeth canu. Tipyn o wyrth ydi bod rhai pobol yn gallu cydganu a chydfyw. Os y deuda i na fu erioed air croes rhwng Dylan a finna, a'n bod ni'n gymaint o ffrindiau ag erioed, mi ddeudith hynny wrthoch chi dipyn am ddidwylledd ac agosatrwydd Dylan, ac am yr holl hwyl gawson ni dros y blynyddoedd. Pob hwyl iddo yn ei holl ymdrechion.

Neville Jones (Traed Wadin)

Yn gynta ... Pwy fasa'n meddwl bod Dyl yn medru sgwennu? Ond mae Dyl yn werin datws go iawn, ac fel perfformiwr o flaen cynulleidfa fyw, neu farw ... yn dibynnu cofiwch ar faint o cheri bincs mae o (a nhw) wedi gael ... fo ydi'r gorau.

Mêt da a chalon fawr, 'run faint â'i walad! Gobeithio y gwnewch chi fwynhau'r llyfr lot mwy na'i ganu o! A dydi'r llyfr yma ddim yn drewi o'hen seidar rhad chwaith!

Jonsi

Wedi cael deugain mlynedd o ddiddanu, sgwennu a chynhyrchu, dwi wedi cyfarfod llond dau lwyfan mawr o bobol. Dydw i ddim yn cofio pawb, ac mae 'na rai dwi ddim isio eu cofio. Ond mae rhai fydd yn dragwyddol aros yn hen lyfr mawr y cof a 'sdim rhwbiwr digon cryf i gael eu gwared; ffrindia da, pobol â'u traed ar y ddaear, pobol onest sydd ddim yn trio bod yn fwy nag ydyn nhw, na trio bod yn rhywun nad ydyn nhw. Ma'r bobol hyn yn aros yn llyfr cof bywyd am eu bod yn dod ag atgofion o wir hapusrwydd i mi, pobol dwi wedi chwerthin ei hochor hi efo nhw, pobol dwi ddim yn mynd i guddio pan wela i nhw'n dŵad o bell. Un o'r cyfryw rai ydi ... ydi ... ym ... ym ... Daria! Dwi wedi anghofio ei enw fo. Wel, mae o'n canu efo Neil!

I fod o ddifri, mae Dylan yn un o'r enwau sy'n cael eu trysori gen i.

Idris Charles

9

Y Blynyddoedd Cynnar

Tŷ Capel Brynaerau ger Pontllyfni yn Arfon oedd fy nghartref cyntaf. Ar lan y môr rhwng pentrefi Pontllyfni ac Aberdesach mae craig fawr a elwir yn Maen Dylan, ac ar ôl y darn yma o garreg y daeth Dylan yn ail enw i minnau. Mae o'n hen enw, o leiaf mor hen â chwedlau'r Mabinogion, ac yn ôl y sôn, yn syth ar ôl ei fedyddio fe neidiodd Dylan i'r môr a gallu nofio cystal ag unrhyw bysgodyn yn syth. Ac er na fedra' i honni fy mod yn nofiwr o fri, mi fu'r môr yn bwysig yn fy mywyd innau hefyd.

Dwi ddim yn cofio pryd wnes i benderfynu fy mod am fynd yn llongwr, ond roeddwn i'n ifanc iawn. Cafodd fy mreuddwyd ei gwireddu, a hynny fel aelod o Lynges Gymreig y *Blue Funnel*. Wnes i ddim dychmygu y byddwn yn cael gweld rhyfeddodau Singapore a Shanghai a chyfandiroedd Affrica ac America yn ifanc iawn. O edrych yn ôl, dwi'n synnu i mi fod yn ddigon lwcus i gael teithio rownd y byd cyn i mi ddathlu fy mhen-blwydd yn ddeunaw oed ac er mor ifanc a diniwed yr oeddwn i, mi lwyddais i gael fy hun i bob math o drybini, yn enwedig efo merched, hyd yn oed rhai oedd ddim yn ferched go iawn!

Ar y môr y datblygodd y canu hefyd, mewn lleoedd ecsotig fel y *Paradise Bar* yn Singapore a'r *Top Hat Club* yn Lagos. Ymhellach ymlaen, fel aelod o'r *New Castaways* neu Traed Wadin, mi fyddwn yn cael y fraint o ganu mewn lleoedd llai ecsotig o lawer wrth deithio Cymru a gogledd Lloegr. Hyn i gyd yn ogystal â threulio mwy na hanner fy oes yn dringo peilons i'r Bwrdd Trydan, a dim ond ifanc ydw i o hyd! Ond fel y gŵyr ffyddloniaid Canu Gwlad, rydw i wedi hen setlo erbyn hyn ar fod yr 'hanner hŷn' o Dylan a Neil.

Fel pawb bron yn y cyffiniau yma, fe'm ganwyd yn Ysbyty Dewi Sant, Bangor, a hynny ym mis Mehefin 1949. Fy enw cyntaf yw Huw, ar ôl fy nhad, Hugh Parry, a Hugh oedd enw ei dad yntau.

Merch Tŷ Capel Brynaerau oedd fy mam. Mi fu hi farw pan oeddwn yn blentyn bach ac ar ôl hynny fy modryb Kate, neu Anti Katie fel yr oeddwn i yn ei hadnabod, a ofalai yn dyner amdanaf. Hi oedd chwaer fy mam.

Roedd fy nhaid ar ochr fy mam yn gweithio fel garddwr ar stad Glynllifon ac yno y gwnaeth o gyfarfod fy nain, oedd yn byw ar fferm Llyn y Gele ym Mhontllyfni.

Roedd teulu fy nain yn hanu o fferm Rhyllach yn ardal Rhydyclafdy, Pen Llŷn, ond symudon nhw i Lerpwl i weini fel y gwnaeth amryw yr oes honno. Mi fuon nhw'n cadw Tŷ Capel Belvedere Road a Princess Road ac yn ystod y rhyfel daeth eu plant yn ôl i Frynaerau fel faciwîs.

Wedi i fy nhaid a nain briodi, roeddynt yn byw yn fferm Wern Bach ac yno y cafodd fy mam ei magu, yn un o bedwar o blant – Katie, Owen Huw, Ellis, a Jane, fy mam.

Un o deulu Penrhos oedd fy nain ar ochr fy nhad. Tyddyn bychan rhwng Llanllyfni a Nebo yn Nyffryn Nantlle oedd Penrhos ac yn ôl pob sôn roedd llawer o ganu ar yr aelwyd wrth ymyl yr harmoniwm fechan a safai rhwng y cloc mawr a'r simdde fawr. Roedd gwreiddiau fy nhaid yn ochrau Llangollen. Fe gawson nhw bump o blant – Llew, Dic, George, Catherine, a Hugh, fy nhad. Mi fagwyd y teulu yn ardal Twthil, Caernarfon.

Daw fy nghefndir canu o ochr fy nhad. Mae'n debyg bod ei deulu o wedi bod yn canu wrth ymyl y ffownten ar y Maes yng Nghaernarfon pan oedden nhw'n blant, a chap o'u blaenau. Roedd yna bafiliwn mawr yng Nghaernarfon bryd hynny a'r enwogion i gyd yn dod yno i ganu. Yn ôl fy nghyfnither, Delia, roedd ei thad, sef Yncl Dic, brawd fy nhad i, yn canu yno a chafodd ei weld gan bobol bwysig oedd wedi sylwi ar ei dalent. Dim ond tua phedair ar ddeg oed oedd Dic ar y pryd a bu raid cael caniatâd arbennig gan ei fam a'i dad iddo fynd ar daith o gwmpas y wlad. Mi fuo'n canu a dawnsio mewn theatrau mawr fel y *London Palladium*, gan ymuno efo criw Harry Lauder a Will Fyfe oedd yn enwog iawn bryd hynny. Ei bartner oedd Hughie Green, a ddaeth yn adnabyddus yn ddiweddarach fel cyflwynydd *Opportunity Knocks*. Yn anffodus, doedd gen i ddim syniad am y cysylltiad yma pan gefais i gyfle i fynd ar y rhaglen flynyddoedd wedyn.

Mae'n debyg bod bron pob aelod o'r teulu wedi symud i Lerpwl i weithio pan oedden nhw'n ddigon hen, ac wedi setlo yno. O ganlyniad, mae pob cefnder a chyfnither agos sydd gen i, o'r ddwy ochr, yn byw yn ardal Lerpwl.

Wrth ei bod yn amser rhyfel, aeth fy nhad i'r fyddin a bu allan yn India am dair blynedd a Burma am ddwy. Cafodd amser ofnadwy yno ac yn ôl y teulu roedd golwg ddifrifol arno pan ddaeth o adra. Roedd yn gwisgo het 'jyngl' am ei ben a honno'n edrych yn anferth oherwydd ei fod fel sgerbwd, ond roedd o'n ddyn rhyfeddol o heini. Tra oedd o yn y fyddin mi enillodd fedalau a chwpanau am focsio ac yr oedd o o hyd yn fy nysgu i wneud *shadow boxing*. Doedd dim posib mynd yn agos ato, roedd o mor sionc ar ei draed.

Pan oeddwn i tua chwe mis oed, fe symudodd y teulu i deras o dai cyngor cyfagos, sef rhif 14 Lleuar Terrace. Cof bychan iawn sydd gen i o fy mam ond dwi'n cofio ei bod yn ddynes ofnadwy o swil, mor swil nes ei bod yn ofni agor y drws i neb diarth. Mi fedra' i gofio mynd i'r llofft i guddio am fod rhywun wedi dod o gwmpas yn gwerthu o dŷ i dŷ. Roedd fy nhad yntau yn ddyn reit swil ond ddim hanner cynddrwg â fy mam.

Yn anffodus, bu farw fy mam yn sydyn pan oedd yn 34 oed. Mae gen i gof bach o'r diwrnod hwnnw, er nad oeddwn i ond pedair oed. Roeddwn i wedi bod yn y llofft yn edrych amdani ac ychydig bach wedyn daeth rhywun i lawr y grisiau a dweud ei bod hi wedi marw. Mi fuo raid i mi fynd i dŷ brawd fy mam, Owen Huw, oedd yn byw yn yr un rhes â ni. Rydw i'n cofio gofyn a faswn i'n cael mynd i'w gweld ond mi ddywedodd fy modryb ei bod hi wedi mynd at Iesu Grist.

Roedd hwn yn gyfnod anodd iawn i 'nhad achos roedd yn rhaid iddo fynd allan i weithio. Ar y pryd roedd o'n gweithio efo'r Adran Addysg mewn lle o'r enw Pencefn ger Waunfawr ac roedd yn amhosib iddo aros adra drwy'r dydd yn fy ngwarchod i. Cefais gynnig mynd i Lerpwl at chwaer fy nhad ond roedd Anti Katie, chwaer Mam, yn barod i 'nghymryd i. Ond roedd yna broblem. Roedd hi'n gweini bryd hynny i gwmni bysiau *Whiteways* yn Waunfawr a hi oedd yn cadw'r siop groser leol iddyn nhw. Aeth i weld y perchennog, Mr Williams, a gofyn a oedd o'n fodlon fy nghymryd i mewn. 'Dewch â'i dad o hefyd,' medda fo. Dydw i ddim yn gwybod lle faswn i wedi mynd oni bai bod Mr a Mrs Williams wedi cytuno. Mi fyddwn i wedi cael fy ngwahanu oddi wrth fy nhad yn bendant. Mae fy nyled yn fawr i'r ddau hyd heddiw ac rydw i'n eu hedmygu yn fawr am fy nerbyn i fel aelod o'r teulu.

Cefais blentyndod hapus iawn yn siop *Liverpool House*, Waunfawr, sydd erbyn hyn yn feddygfa'r pentref. Symudodd fy nhad a fi i mewn i'r parlwr ffrynt ar ben ein hunain. Roedd partner Dad yn ei waith yn gonsuriwr da iawn ac wedi dysgu triciau iddo. Dyna oedd o'n wneud i 'nghadw i'n hapus gyda'r nosau, gwneud i'r cardiau ymddangos o'r tu ôl i 'nghlust i, a thynnu sigarét o'i drwyn ac ati. Roedd yn ddigon da i fod ar lwyfan. Roedd o hefyd yn un da am chwarae'r organ geg, fel arfer yn chwarae un pennill ac yn canu'r llall. Rydw i'n cofio mai ei hoff gân oedd 'O! Na bawn yn fwy tebyg ...'. Ar ei ôl o y cymerais i ddiddordeb yn yr organ geg. Es ar nerfau pawb yn trio dysgu. Roeddwn i'n mynd â hi efo fi i 'ngwely ac os oedd Anti Katie yn dweud wrthyf i fynd i gysgu, mi fyddwn i'n rhoi fy mhen o dan y dillad a chario 'mlaen.

Y cof cyntaf sydd gen i o Waunfawr ydy dyn o'r enw Mr Pritchard yn dod i gae'r ysgol efo harmoniwm, a dau ŵr ifanc efo fo yn pregethu'r Efengyl. Roedd ganddyn nhw babell fawr yn y cae a phobol y pentref yn mynd yno i ganu.

Daeth y diwrnod cyntaf i mi fynd i'r ysgol ond wnawn i ddim mynd dros fy nghrogi. Roeddwn i'n bump oed ac oherwydd y pethau oedd wedi digwydd, doeddwn i erioed wedi bod yn agos at ysgol. Mi gafodd Anti Katie drafferth garw a galwodd ar Mrs Jones oedd yn gweithio fel *conductor* ar y bysiau i roi help llaw iddi. Roeddwn i'n rhedeg o gwmpas y tŷ yn strancio ac yn crio ond wedi iddyn nhw fy nal, i ffwrdd â ni am Ysgol Gynradd Waunfawr.

Fy athrawes ddosbarth oedd Miss Jones, neu 'Miss Jôs Binsh' fel roedd hi'n cael ei galw. Roedd hyn oherwydd ei bod yn rhoi pinsiad ar eich braich os nad oeddech chi'n bihafio. Ar ôl bod yno am rhyw awr, gofynnais am gael mynd i'r tŷ bach ond fy mwriad oedd rhedeg adra, a dyma Miss Jones yn fy nal yn mynd drwy'r giât. Cefais fy martsio yn ôl fel sowldiwr a hithau'n fy mhinsio bob hyn a hyn!

Ar ôl ychydig, mi setlais yn yr ysgol a dod iddi yn o lew ond hyd yn oed yn y cyfnod yma roeddwn wrth fy modd yn pryfocio a gwneud hwyl. Un diwrnod gwaeddais ar Miss

Jones fod yna lygoden yn rhedeg o gwmpas ei thraed. Wnes i ddim meddwl y basa hi'n dychryn cymaint. Roedd yna gadair athro wrth ei hymyl, un uchel efo stepan fach, ac mi neidiodd Miss Jones i'w phen gan weiddi 'Lle mae hi? Lle mae hi?'.

'Fan'na, Miss Jones,' meddwn inna.

Roedd y dosbarth yn eu dyblau. Pan ffeindiodd hi mai pryfocio oeddwn i, mi wnaeth i mi sefyll yn y gornel ar un goes a byddwn yn newid i'r goes arall pan nad oedd hi'n edrych. Ond wedi dweud hynny, roeddwn i'n hoff iawn o'r athrawon i gyd. Mae gen i gof bod un athro, Mr Ellis, wedi cael trawiad ar ei galon wrth wneud ei brawf gyrru a phawb yn y dosbarth yn crio.

Yn ogystal â mynd i'r ysgol leol, roedd yn rhaid mynd i'r capel deirgwaith bob Sul, i'r Band of Hôp, a'r Seiat bob nos Fercher. Roedd Anti Katie yn ddynes grefyddol iawn ac yn gwybod ei Beibl o un pen i'r llall a rhif pob un emyn, ond eto doedd hi ddim yn gul ac roedd hi'n barod am hwyl bob amser. Er nad oedd ganddi lawer o arian roedd hi'n rhoi dillad da amdanaf ac yn prynu bob dim fel arfer o siop 'Cledwyn's' yng Nghaernarfon.

Mi fydda' fy modryb yn cymryd *district nurses* i mewn i aros. Daeth y rhain yn ffrindiau mawr efo ni fel teulu, ac oherwydd hynny, yn rhan fawr o'm plentyndod. Valmai oedd fy ffefryn ac rydw i'n dal i fod yn ffrindiau mawr efo hi hyd heddiw.

Mae'n beth od, ond roeddwn yn casáu mynd ar y llwyfan yn yr eisteddfod leol ac yn dod yn ail neu'n drydydd bob tro. Yr unig wers ganu gefais i erioed oedd gan ffrind i'r teulu o'r enw Nerys. Mi wnaeth hi ddysgu cân o'r enw 'Y Tylwyth Teg' i mi. Roedd hi wedi fy rhybuddio i beidio dal papur o fy mlaen ond ar y noson roeddwn i mor ofnus ac yn poeni gymaint am anghofio, dyma fi'n estyn y papur a chanu efo'r geiriau o fy mlaen. Mi ddywedodd y beirniad, 'Biti na fasa pwy bynnag ddysgodd chi wedi dweud wrthych am ddysgu'r geiriau!' Roedd Nerys yn eistedd yn y balconi ac edrychais i fyny ati a gwenu'n swil. Mi drodd y gynulleidfa i gyd i edrych arni ac aeth yn goch fel tomato a llithro yn is i'w sedd. Cefais glamp o row gan Anti Katie – nid am beidio ennill ond am godi cywilydd ar Nerys. Chefais i byth wers arall.

Roedd fy mywyd yn troi o gwmpas garej *Whiteways*. Roedd o'n fusnes prysur ofnadwy bryd hynny, efo rhyw dri deg o fysiau a dwy neu dair o lorïau. Byddwn innau'n cael mynd am dro ar y bysiau bob hyn a hyn efo'r dreifar. Roeddwn yn gwirioni cael mynd ar y bws bach oedd yn mynd dros Bont yr Abar yng Nghaernarfon a chael galw yn Caffi Maes wedyn am baned. Rydw i'n cofio'r byrddau yno yn farmor i gyd a'r dyn bach mewn ofarôl frown y tu ôl i'r cownter yn siarad yn gyflym a dweud 'Thanciwferimytsh' ar ôl bob dim. Mi fyddwn i'n disgwyl tan ddau ar y Maes ac os oedd yna le ar y *tour bus*, yna i ffwrdd â fi efo honno am Benllech, Sir Fôn, neu Ddyffryn Lledr.

Cartref perchnogion *Whiteways* oedd plas mawr yn y coed, Plas Glynafon, ac roeddwn i wrth fy modd yn cael mynd yno am dro. Roedd ganddyn nhw dair o ferched, Glenda, Kathleen a Gwyneth, a rhyw hen gi St. Bernard mawr o'r enw Bruno oedd yn fy ngharïo o gwmpas y tŷ ar ei gefn. Cefais fy nal unwaith yn dwyn 'falau yn y plas a daeth Mr Williams allan mewn tymer reit flin a dweud 'Dos o 'ma am dy fywyd neu mi fydda i'n deud wrth bawb yn y pentra dy fod yn cysgu efo tedi bêr!' Dim ond wyth oed oeddwn i ond wnes i ddim dwyn 'falau yno wedyn.

Roedd yna ddwy fferm yn perthyn i'r teulu hefyd. Un oedd Cross Farm lle'r oeddwn i'n mynd i gario gwair yn yr haf, a'r llall oedd Coed Gwydryn gyda rhyw ddeg o warrheg godro. Roeddwn i wrth fy modd yn cael mynd i fan'no at ddyn o'r enw Robat Ifans i'w helpu.

Un diwrnod, roedd Anti Katie eisiau mynd i'r fferm efo bwyd i'r gath. Roedd tacsi mawr du *Whiteways* wedi parcio tu allan i'r siop a'r hers y tu ôl iddo. Dyma hi a Robat Ifans i mewn i'r tacsi heb feddwl dim ac i ffwrdd â nhw. Wedi mynd rhyw ychydig, dyma'r hers i mewn i gefn y tacsi ac ychydig wedyn, mi drawodd i mewn i gar yr ochr arall i'r ffordd efo'r twrw mwyaf ofnadwy.

'Bobol annwyl,' medda Robat Ifans, 'Ydi Owen Eifion wedi cael diod?'

Yna, dyma'r hers i'w penolau unwaith eto, a'r tro yma, mi aeth yr hen Robat allan i weld. Roedd rhaff rhwng yr hers a'r tacsi. Mae'n debyg bod yr hers wedi torri yn rhywle, wedi cael 'tow' yn barod i fynd i'r garej ar ôl cinio, a'r rhaff yn dal yn sownd. Diolch i'r drefn, chafodd neb niwed ond roedd yna olwg ar y ceir a dwi ddim yn meddwl bod cath Cross Farm wedi cael bwyd y diwrnod hwnnw.

O ystyried bob dim, rhaid i mi ddweud bod fy mhlentyndod wedi bod yn un hapus, ond fy mod yn hiraethu am Mam o bryd i'w gilydd. Roedd Waunfawr yn lle braf eithriadol i dyfu i fyny ynddo, yng nghanol y mynyddoedd – Moel Eilio, Cefn Du, Mynydd Mawr, ac afon Gwyrfai yn llifo drwadd. Roeddan ni'r hogia i gyd yn mynd i chwarae i le o'r enw Bompran, oedd yn cydredeg â'r afon i gyfeiriad Bontnewydd. Yn fan'no roedd ynysoedd bach, neu 'eilands' fel yr oedden ni'n eu galw, a byddem yn treulio oriau yno. Y lle gorau i nofio oedd Bont Cob ond roedd y lle yma yn beryglus iawn a'r bobol mewn oed yn ein rhybuddio i gadw draw. Lawer gwaith y siarsiodd Anti Katie 'Cymera di ofal na ddoi di adra wedi boddi!'.

Pleser arall oedd pysgota. Roeddwn i'n cael mynd efo Siôn oedd yn cadw becws y pentref ac er ei fod o'n un da iawn, ychydig iawn o bysgod wnes i ddal erioed.

Ond y prif ddiddordeb oedd pêl-droed. Mi chwaraewn i bêl-droed o fore gwyn tan nos. Byddwn yn cyfarfod yr hogia dros y ffordd i'r Swyddfa Bost ac i ffwrdd â ni am gae Pen Dymp efo pêl. Doedd o fawr o gae ond i Aled Taylor, Mois, Alan Cotton, Gwyn Trefor a minnau roedd o fel Wembley.

Roedd gen i ddigonedd o ffrindiau yn y pentref bryd hynny. O edrych yn ôl, y teimlad sydd gennyf ydy bod pobol Waunfawr yn hynod o ffeind efo fi. Mae'n siŵr bod ganddyn nhw biti drosta i am fy mod wedi colli fy mam mor ifanc.

Waunfawr

Pan fo gwyddau gwyllt yn galw
Ar eu taith drwy'r awyr oer,
A chymylau du yn casglu
A bygwth boddi'r lloer;
Pan fo'r haul yn mynd i gysgu
Mewn gwely coch fel gwaed,
Yn yr amser hynny, byddaf innau'n hel fy nhraed.

Cytgan:
A mynd yn ôl i'r Waunfawr,
Mae 'na rhywbeth yn fy ngalw
Dros yr holl fynyddoedd mawr,
Rhyw hen atgof o'm plentyndod sy'n galw yn ddi-baid,
Mae'r Waun yn mynd i 'nhynnu
A mynd yn ôl fydd raid.

Waunfawr, Waunfawr,
Roedd hi'n nefoedd bod yn blentyn yn Waunfawr,
O beth ddaeth dros fy mhen i
I adael man fy ngeni?
Mae'n nefoedd cael dychwelyd i'r Waunfawr.

Pan fo dail y coed yn disgyn
Fel dagrau ddiwedd haf,
A'r gwynt yn canu marwnad
Wrth fedd y tywydd braf;
Pan fo'r dderwen fawr yn griddfan
Dan ddyrnau cas y gwynt,
Dechreuaf innau feddwl am fy hen gynefin gynt.

Cytgan:
A mynd yn ôl ...

Geiriau ac alaw: Neville Jones

Teulu Newydd

Wrth bod fy nhad yn teithio o gwmpas yr ysgolion yn ei waith efo'r Adran Addysg, cyfarfu â merch ifanc oedd yn gweithio yn Ysgol 'Central' Pwllheli. Wrth gwrs, wyddwn i ddim ei fod o'n canlyn; mae'n siŵr fy mod yn rhy ifanc i ddeall pethau felly.

Y cof cyntaf sydd gen i oedd bod Robin Arthur, un o ddreifars Whiteways, wedi curo ar y drws a dweud bod Hugh wedi priodi yn y Swyddfa Gofrestru yng Nghaernarfon. Roedd o hefyd wedi dod â bwa a saeth, o bob dim, yn bresant i mi gan fy nhad. Doeddwn i ddim yn hapus o gwbl efo hyn. Roeddwn yn teimlo fy mod i wedi colli fy mam, a rŵan yn colli fy nhad. Wnawn i ddim symud i Bwllheli i fyw dros fy nghrogi am fy mod i wedi setlo yn y siop efo Anti Katie. Felly dechreuais fyw dau fywyd, yn Waunfawr yn ystod yr wythnos a'r penwythnos ym Mhwllheli.

Rydw i'n cofio mynd draw i Bwllheli i gyfarfod fy mam wen am y tro cyntaf. Ei henw oedd Doreen Evans, neu Doreen Dobson fel yr oedd pawb yn ei hadnabod, gan mai dyna oedd ei henw cyn priodi. Roedd hi yn yr un sefyllfa yn union â fy nhad, wedi colli ei gŵr yn ifanc ac un ferch o'r enw Betty ganddi.

Y cartref newydd oedd Pen Lôn, neu 21 Penlon Llŷn, Pwllheli. Mi fûm yno yn ddiweddar ac mae'r hen dai i gyd wedi eu dymchwel a rhai newydd yn eu lle.

O'r diwrnod cyntaf, roedd Betty a fi ar delerau da ofnadwy ac yn cyd-dynnu'n dda gyda'n gilydd. Roeddwn i wedi cael chwaer oedd flwyddyn yn hŷn na fi.

Lle braf oedd Pwllheli yr adeg hynny, a'r atyniadau'n wahanol iawn i Waunfawr, fel y farchnad ar ddydd Mercher a oedd yn llawn prysurdeb. Roedd gan fy nhad gyfnither efo stondin india roc yno, a fan'no y byddwn i yn fy nhro yn cynnig 'tamad i brofi' ar blât i'r cwsmeriaid. 'Anti Lisi Injaroc' oedden ni'n ei galw hi. Cofi Dre go iawn o Sgubor Goch oedd hi, efo'i hacen Cofi yn gweiddi 'Dach chi isio tamad o injaroc, del?'.

Roedd yna ffair ar y Maes a'r arian oeddwn i wedi'i gael gan Anti Lisi yn mynd i drio taro coconyts efo pêl bren. Yr adeg hwnnw hefyd, roedd Butlins yn bwysig iawn yn yr ardal. Mi wnaethon ni dreulio ambell i bnawn Sul yno a'r uchafbwynt bob tro oedd cael reid ar yr eliffant smalio. Yn ddi-ffael, bob pnawn Sadwrn, mi fyddan ni'n mynd i bictiwrs y *Palladium* i weld y cowbois. Ar ôl dod allan mi fyddwn i'n meddwl mai Roy Rogers oeddwn i, yn cymryd arnaf fy mod yn reidio ceffyl o gwmpas y dref, neu, ar adegau eraill, yn mynd i fyny am ben y Garn i hongian ar raff fel Tarzan.

Y drws nesaf i'n tŷ ni ym Mhenlon Llŷn roedd chwaer fy mam wen, Beatrice yn byw efo'i gŵr, Raymond Antill, neu 'Raymond Moto Coch' i bawb. Roedd ganddyn nhw bedair o ferched, Renee, Freda, Louisa ac Evelyn. Fy ngwaith i bob amser cinio dydd Sadwrn oedd mynd â brechdan i Louisa oedd yn gweithio yn *Woolworths*. Dydw i ddim yn siŵr iawn pam fy mod yn gorfod gwneud hyn, efallai am ei bod hi'n codi'n rhy hwyr yn y bore, ond roeddwn yn edrych ymlaen yn arw gan fy mod yn cael pob math o sylw gan y merched i gyd yn y siop.

Caneuon poblogaidd y cyfnod hwnnw oedd *'Davy Crockett,' 'Que Sera, Sera'* a *'Sailor'*. Bob tro roedd y caneuon yma ar y radio, roedd y teulu'n galw arna' i i ddod i mewn i'r tŷ i wrando. Roeddwn i'n gwirioni'n lân arnyn nhw ac mi wnaethon nhw brynu het Davy Crockett efo cynffon hir i mi.

A dweud y gwir, roeddwn i'n edrych ymlaen yn y diwedd i gael mynd i Bwllheli i fwrw'r Sul ond roedd hi'n dipyn o daith i ddod adra. Dal y bws Moto Coch o Faes Pwllheli am hanner awr wedi saith i Gaernarfon, a'r bws gwyn Waunfawr erbyn naw i gael mynd i'r ysgol.

Ond ar ôl blwyddyn, mi aeth hyn yn ormod i 'nhad. Doedd o ddim yn hapus fy mod i yn Waunfawr ac yntau ym Mhwllheli, felly perswadiodd ei wraig i ddod i'r Waun i fyw. Mi gymerodd hyn dipyn o berswâd achos bod ei gwreiddiau yn ddwfn yn y dref a doedd yna unlle yn y byd fel Pwllheli.

Ar ôl blwyddyn o briodas, mi aeth Doreen i Ysbyty Bryn Beryl i gael bachgen bach a'i alw'n Brian. Roedd y teulu bach yn tyfu. Daeth tŷ ar gael yn y tai cyngor ac fe wnaethon nhw symud fel teulu i 16 Bro Waun, Waunfawr. Mae'n siŵr mai'r cynllun oedd i mi symud atyn nhw ond erbyn hynny roeddwn i wedi setlo efo Anti Katie ac yn edrych arni fel mam, ac roedd fy nhad yn ddigon bodlon i mi aros yno cyn belled â fy mod i'n hapus.

Ymhen dipyn, mi setlodd Doreen yn y pentref ac i ychwanegu at y teulu mi ddaeth Sharon, Yvonne, Terry ac Andrew. Bryd hynny roedd pawb i'w weld yn dlawd i mi ac nid peth hawdd oedd cadw teulu. Doedd gan Dad ddim car felly roedd yn rhaid cerdded i bob man, hyd yn oed i'w waith. Cafodd waith fel dyn llefrith y pentref ac yr oedd yn cerdded bob bore i'r Bontnewydd, oedd tua thair milltir i ffwrdd, erbyn chwech y bore i ddechrau ei rownd. Yna, byddai'n cerdded adra ar ôl gorffen. Doedd o ddim yn edrych yn ddyn iach o gwbl ond roedd yn dal yn heini ac mi fyddai yna ddigon o fwyd ar y bwrdd i fwydo stad Bro Waun i gyd. Mi fyddwn i'n mynd ato weithiau a dweud nad o'n i'n teimlo'n dda. Ei ateb bob tro fyddai 'Wyt ti'n byta? Wyt ti'n cael dy weithio yn iawn?'.

Os oeddwn i'n dweud 'Ydw,' yna mi fydda fo'n dweud 'Wel, ti'n iawn felly!' Doedd dim diben cwyno ond mi rydw i'n meddwl erbyn heddiw fod ei eiriau'n ddigon gwir.

Am ei fod mor driw i bobol Waunfawr yn danfon y llefrith, hyd yn oed os oedd yr eira dros ei ben, mi gafodd ei ganmol yn y papur lleol: *'A small man with a heart of a lion,'* oedd y pennawd, a dyna fy nhad i'r dim.

Weithiau, roedden ni'n cael menthyg car *Whiteways* i fynd am dro fel teulu. Un mawr du oedd o ac rydw i'n cofio ei rif yn iawn, sef HLH 7. Mi fydden ni'n mynd fel teulu Abram Wood i weld Nain Groeslon a dyna i chi gymeriad oedd honno. Rhyw ddynes fach gyffrous a bywiog oedd hi, yn gwisgo 'beret' coch am ei phen ac yn siarad yn gyflym.

Er yr holl newidiadau yn fy mywyd, roedd garej *Whiteways* yn dal i fod yn bwysig iawn i mi ac roeddwn wrth fy modd yn cael mynd yno i chwarae. Un diwrnod, mi wnes i berswadio Brian, fy mrawd, i fod yn gonductor ar un o'r bysus, er mwyn i mi gael bod yn ddreifar. Roedd y bws i mewn yn y garej ar y pryd a dyma Brian yn canu'r gloch. Mi wnes i gychwyn yr injan rhywsut a dechrau refio. Roeddan ni rêl bois yn gwneud hyn am rhyw bum munud ond pan ddaeth hi'n amser i ddiffodd yr injan, doedd gen i ddim syniad sut i wneud. Mi ddechreuodd y garej lenwi efo mwg yr ecsôst ac mi fuo raid i ni ei g'luo hi oddi yno i nôl un o'r mecanics. Dim troi'r goriad oedd yn lladd yr injan ond tynnu rhyw lifar. Dyna wers arall wedi ei dysgu.

Erbyn hyn, roedd fy Yncl Ellis, neu Yncl Êl fel yr oeddwn i'n ei alw fo, wedi symud i Waunfawr i fyw, i fferm o'r enw Bryn Celyn. Roedd o'n meddwl y byd ohona i am fy mod yn hogyn i'w chwaer. Yn fy nhro, roeddwn yn mynd ato i aros a fo brynodd fy meic cyntaf i mi.

Creadur ar y naw oedd Yncl Êl. Pan oedd o'n byw ym Mhontllyfni, mi aeth adra ar ôl sesiwn go hegar ar y llaeth mwnci a'r peth cynta welodd o yn y gegin ond buwch. Roedd o'n meddwl ei fod o'n gweld pethau ond roedd y cae yr un lefel â chefn y tŷ ac mi oedd yr hen fuwch wedi disgyn drwy'r to. Doedd hi ddim yn ffitio drwy'r drws a welsoch chi rioed y fath gybôl oedd ei chael hi allan.

Pan oeddwn i'n mynd i Fryn Celyn i gysgu, roedd yna hogyn o'r enw Colin Williams yn dod i aros efo ni. Roedd o'n un o wyth o blant ac wrth ei fodd yn cael dod yno, ac Ellis yn meddwl y byd ohono fo. Ond roedd Colin wedi cymryd yn ei ben fod yna ysbryd yn y tŷ ac roeddwn i'n chwarae bob math o driciau arno, fel rhoi blanced wen dros fy mhen a rhedeg ar draws y cae neu glymu darn o bapur ar ben eda' a'i dynnu ar hyd y llawr pan oedd o'n trio cysgu. Mi fydda fo'n codi a gweiddi ar Ellis bod yna rhywbeth yn yr ystafell, a hwnnw'n dweud wrtho beidio â bod yn gymaint o fabi. Yn y diwedd mi fuo raid i mi roi'r gorau iddi gan ei fod yn dychryn gymaint. Hogyn hoffus iawn oedd Colin ond roedd o'n gallu mynd i bob math o drybini bob hyn a hyn.

Roedd Waunfawr wedi cael ei rannu'n ddau yn y cyfnod hwnnw, sef Waun a Chroesywaun, ac mae pethau yr un fath heddiw, hyd y gwn i. Roedd gan y ddwy ochr eu 'criw' eu hunain ac er ein bod yn cyd-dynnu'n dda fel arfer, roedd amser tân gwyllt yn wahanol. Roedd y naill ochr yn dwyn coed a geriach i'w llosgi oddi ar y llall.

Un noson, roedden nhw wedi dwyn hanner ein coelcerth ni a dyma Colin a fi yn penderfynu chwilio am fwy o bethau i'w llosgi. Mi fuon ni mor ffôl â mynd i gwt gwair cyfagos a helpu ein hunain i rywfaint o'r bêls i'w rhoi ar y tân. Mi gawson ni andros o dân da ond daeth cnoc ar y drws y diwrnod wedyn. Y plismon oedd yno ac mi fuo bron iawn i ni orfod mynd i'r llys yn y dre. Rhoddodd y plismon air o rybudd rydw i'n gofio hyd heddiw: 'Bôn clust wyt ti isio!' medda fo ac roedd hynny'n ddigon i mi.

Daeth yr amser i mi fod yn ddigon hen i fynd i'r pictiwrs yng Nghaernarfon. Efo'r hogiau hŷn yr oeddwn i'n cael mynd a John Nathaniel a David Clarke yn edrych ar fy ôl i. Roedd yna dri phictiwrs yn y dre: y *Majestic*, yr *Empire* a'r *Guild Hall* dan y cloc. Mi fydda hynny'n antur fawr a chwith meddwl bod y tri wedi cau erbyn heddiw.

Unwaith y flwyddyn hefyd mi fydda 'na edrych ymlaen garw at y trip Ysgol Sul i'r Rhyl. Y peth mwyaf yr ydw i'n ei gofio am hyn ydi'r gweiddi mawr ar y bws pan oedden ni'n gweld yr olwyn fawr yn y pellter.

Ond uchafbwynt y gwyliau haf i mi oedd cael mynd i fferm Rhos y Foel yn Llannor ger Pwllheli. Yma yr oedd fy nghyfnither Betty, Anti Greta ac Yncl Bob yn byw. Dyma i chi le bendigedig ond y broblem fwyaf oedd cael hyd iddo. Roedd o'n lle anial efo llyn mawr ar waelod y cae. Roedden nhw'n tyfu eu llysiau eu hunain ac mi fydden ni'n cael llond bol o fwyd ffres yno bob amser. Mi fyddwn innau yn cael mynd i weld Yncl Bob yn godro a chael mynd o gwmpas yr ieir i hel wyau. Weithiau mi fydda teulu Lerpwl yn dod i lawr a phawb ohonom yn mynd yn un haid i lan y môr yn Nefyn. I hogyn bach yr adeg hynny, roedd yr hafau bob amser yn hir a'r tywydd bob amser yn braf.

Yna, mwya' sydyn, daeth fy nghyfnod yn yr ysgol gynradd i ben. Roeddwn i wedi mwynhau bron popeth yno, ar wahân i'r amser cinio pan oedd Eirianwen y gogyddes yn fy ngorfodi i fwyta teisen croen oren efo cwstard, neu semolina efo jam. Roedd hi'n amser symud i'r ysgol fawr yn y dre.

Ysgol Caernarfon

Roeddwn i'n gwybod ar ôl bod yn Ysgol Waun nad o'n i am fod yn ddoctor nac yn weinidog. Mi fûm i drwy'r hyn oedd yn cael ei alw'n *eleven plus*, ond i'r *Higher Grade* yng Nghaernarfon yr es i, neu Ysgol Segontium i roi ei henw iawn iddi.

Tua chanol ffrwd B oeddwn i, yn bodloni ar gael bod yn y man cysurus hwnnw, heb fod yn ddwl na heb fod yn glyfar chwaith. Y syms oedd fy man gwan ond wedi dweud hynny, chefais i erioed fy ngwneud gan neb pan oedd hi'n dod yn amser talu. Mi wnes i setlo yn yr ysgol fawr yn fuan iawn ond nid heb gael fy 'medyddio'. Roedd hynny'n golygu rhoi fy mhen i lawr y pan yn y toiled a thynnu'r tsiaen nes fy mod wedi hanner boddi. Ar ôl hynny roeddwn i wedi cael fy nerbyn yn Gofi.

Cefais fy newis i chwarae pêl-droed i'r ysgol ac roedd hynny'n plesio'n arw iawn, ond oherwydd bod cymaint o chwaraewyr da yno, rhyw *first reserve* oeddwn i fwyaf.

Roedd côr yno hefyd. Doedd gen i ddim llawer iawn o ddiddordeb yn hwnnw, er imi gael fy newis, ond mi wnes i sylweddoli bod yna genod del yn canu ynddo. Un a dynnodd fy llygad oedd Janice o Gaernarfon a daeth y ddau ohonom yn ffrindiau mawr. Oni bai fy mod i'n beth bach swil ac arna i ofn merched, mi faswn i wedi gofyn iddi fod yn gariad i mi, ond mi fuon ni'n fêts mawr drwy'r ysgol.

Erbyn hyn, roeddwn i wedi dod yn 'ffan' mawr o Elvis ac wedi dechrau rhoi *Brylcreem* yn fy ngwallt i drio bod yn debyg iddo. Dechreuais wrando ar ei recordiau a chanu o flaen y drych efo brwsh llawr o fy mlaen. Roedd Cliff Richard hefyd yn boblogaidd, ond Lonnie Donegan a'i grŵp *skiffle* oedd fy ffefryn. Rydw i'n cofio dawnsio i'r caneuon efo fy chwaer Betty yn y parlwr ffrynt. Mi wnaethon ni godi ein breichiau i'r awyr wrth wneud y *jive* a malu'r *lampshade* yn rhacs. Dyna i chi waith egluro oedd hynny. Doedd dim byd amdani ond gofyn i Anti Katie a faswn i'n cael gitâr. 'Blino wnei di,' medda hi. 'Hel dy bres a phryna un dy hun.'

Felly dyma gael gwaith mewn fferm ieir. Roedd yno gannoedd ohonyn nhw a 'ngwaith i oedd carthu. Mi fydda 'nillad i'n drewi yn drybeilig ond roeddwn i'n benderfynol o gael gitâr. Rhyw dair ar ddeg oeddwn i ar y pryd ac mi fûm i yno am ddau neu dri mis yn hel chwe phunt. Roedd yna hogyn o'r Waun o'r enw Alun Thomas ar y môr a fo ddaeth â'r gitâr gynta i mi o Hong Kong. Yr adeg hynny roedd yna grwpiau da iawn wedi ffurfio yn y pentref. Y *Valiants* oedd enw un ac roeddan nhw'n chwarae caneuon y *Shadows* a ballu. Dechreuais fynd i'w gweld nhw'n ymarfer yn y Becws a gwirioni'n lân.

Tua'r un adeg roedd yna grŵp arall yn dechrau yn y Waun ond roedd pawb yn chwarae gitâr, a doedd ganddyn nhw ddim drymiwr. Roeddwn i'n ffrindiau mawr efo'r hogia a dyma nhw'n gofyn i mi oedd gen i ddiddordeb ymuno â nhw. Ar ben hynny, roedden nhw'n fodlon rhoi menthyg pymtheg punt i mi brynu set o ddrymiau. Felly dyma fynd amdani ac ymarfer ar fy mhen fy hun yn y cwt yng nghefn y tŷ. Cyn bo hir roeddwn i wedi dod yn ddigon da i gadw rhythm a chael mynd atyn nhw i ddechrau ymarfer. Alun Thomas oedd ar y brif gitâr ac roedd o'n giamstar arni; Robin Walker ar y rhythm, ac Alan Davies ar y piano a chanu. Roedden ni wedi dod iddi'n reit dda a harmoni pedwar llais gennym, felly dyma bendefynu galw'r grŵp yn *Boris and the Coffin Snatchers* am rhyw reswm. Mi fu yna stori yn un o'r papurau dydd Sul Saesneg yn gofyn pwy oedd y grŵp efo'r enw od yma ond rydw i'n meddwl mai rhywun oedd wedi cwyno bod yna ormod o sŵn yn dod o'r tŷ wrth i ni ymarfer.

Mi fuon ni wrthi am tua blwyddyn ond oherwydd bod rhai o'r hogia'n mynd i ffwrdd i'r coleg roedd yn rhaid gwahanu. Roeddwn innau wedi mwydro 'mhen efo canu erbyn hyn ac yn cael blas go iawn arni. Addawodd Robin Walker y bydda fo'n dysgu dipyn o gordiau ar y gitâr i mi a dyma ddechrau efo '*Hang Down your Head Tom Dooley*' a '*Michael Row the Boat Ashore*'. Bob cyfle wedyn roeddwn i'n chwarae gitâr ac yn canu, ac wrth gwrs, fel pawb oedd yn dysgu yn y cyfnod hwnnw, mi wnes i brynu llyfr Bert Weedon.

Yna daeth yn bryd i mi adael Ysgol Segontium a hynny'n gynt na'r disgwyl. Ers i mi fod yn hogyn bach, roeddwn i wedi rhoi fy mryd ar fynd i'r môr. Daeth yn amser i mi ddysgu bod yn llongwr.

Ar fy Aelwyd Fach Glyd

O! Pan oeddwn i'n ifanc
Doedd dim dal ar fy nhraed,
Mi hwyliais o Lerpwl
A'r môr lond fy ngwaed.

Cytgan:
Ond fydd dim mwy o grwydro
I borthladdoedd y byd,
Wedi bwrw yr angor
Ar fy aelwyd fach glyd.

Daeth fy nhad i fy nanfon
O Gaernarfon am dro,
A daeth deigryn i'm llygad
Wrth ffarwelio'r hen go'.

Cofio glanio'n Apapa
Yn hwyr un prynhawn
A mentro i ganu'n
Y *Talk of the Town.*

Roedd fy mhoced yn orlawn
Wrth adael y llong;
Rhaid cael gwario pob dima'
Ar strydoedd Hong Kong.

Mae 'na sôn am fy helynt
O hyd yn Kowloon.
Roedd y storom a godais
Yn waeth na'r *monsoon!*

A weithia daw hiraeth
Cael mynd eto am dro;
Mae 'na wledydd sy'n gwrthod
Rhoi llonydd i'r co'.

Geiriau ac alaw: Neville Jones

HMS Conway

Mae'n siŵr bod fy nghyfnod ar yr *HMS Conway* yn un o'r ychydig brofiadau yn fy mywyd y baswn yn falch o gael ei anghofio! Dyma'r gwaith go iawn cyntaf i mi ei gael, a hynny ar ôl cael caniatâd arbennig gan brifathro Ysgol Segontium i gael gadael cyn bod yn bymtheg oed. Cefais fynd ar un amod, sef fy mod yn cael fy nerbyn yn *HMS Conway*, y sefydliad enwog hwnnw oedd yn paratoi hogia ifanc ar gyfer bywyd ar y môr.

Roedd yr ysgol ym Mhlas Newydd ger Llanfairpwll, dim ond ychydig filltiroedd o'm cartref ac mewn safle godidog ar lan Afon Menai, ond er mor agos, wnes i erioed deimlo mor unig yn unlle erioed!

Aeth fy nhad â fi yno un bore Llun a 'ngadael i efo fy mhethau. Rhyw saith o wlâu oedd yn y *dormitory*, rhywbeth tebyg i ward mewn ysbyty. Dyma gael siaced wen efo botymau crand a throwsus ac esgidiau duon a'r rheiny'n sgleinio. Dysgu bod yn stiward oeddwn i; *silver steward* oedd yn edrych ar ôl yr *officers*. Roedd yr hogia eraill wedi bod yno am rhyw chwe mis ac wedi setlo'n iawn. Dwi'n cofio rhai ohonynt yn iawn: Ifan R o Rosgadfan, Desmond o Gaernarfon a hogyn o Lanberis, Leslie, ac er mai dim ond yn Sir Fôn oeddwn i, roedd gen i hiraeth ofnadwy am adra.

Roedd yr utgorn yn canu am hanner awr wedi pump y bore i'n codi ni o'n gwlâu. Doeddwn i erioed wedi gweld hanner awr wedi pump o'r blaen yn Waunfawr! Y prif stiward yn dod rownd wedyn i wneud yn siŵr ein bod ni wedi codi yn barod i ddechrau am chwech. Os nad oeddech chi wedi codi, pwced o ddŵr oer am eich pen fyddai hi, fel y digwyddodd i'r hogyn yn y gwely nesa' ataf i. Neidiais inna o 'ngwely a rhoi rhyw hanner saliwt iddo fo fel yr aeth o heibio, jest rhag ofn. Dechrau gosod y byrddau lliain gwyn wedyn, a'r cyllyll a ffyrc yn sgleinio fel swllt. Yna yr *officers* yn dod i mewn erbyn wyth, a chymryd yr ordor efo *'Yessir'* a *'No sir'* a *'thri bags ffwl syr'*. Yr un fath wedyn amser cinio tan tua hanner awr wedi dau yn y prynhawn. Roedden ni wedi blino gymaint erbyn hynny fel ein bod yn mynd yn syth i'r gwely tan tua pedwar ac ailddechrau wedyn efo'r

27

cinio nos tan tua wyth. A hynny i gyd am ddeunaw swllt yr wythnos. O edrych yn ôl, er bod rhywun yn meddwl ei fod o wedi tyfu'n ddyn yn bymtheg oed, plentyn oeddwn i o hyd, yn mentro allan i'r byd go iawn ac yn gorfod tyfu'n reit sydyn.

Wedi bod yno rhyw bythefnos i dair wythnos, dyma'r hogia yn gwneud cylch o nghwmpas i un gyda'r nos a dweud ei bod hi'n amser i mi gael fy 'medyddio'.

'Dwi wedi cael fy medyddio unwaith yn barod,' meddwn i, 'yng Nghapel Brynaerau, Pontllyfni!' Neidiodd tua chwech ohonyn nhw ar fy mhen. Doedd gen i ddim gobaith amddiffyn fy hun. Fe dynnon nhw fy nillad i bob cerpyn a rhoi blacin sgidia du dros fy mol i gyd (a rhywle mwy preifat), yna fy nhroi a gwasgu tiwb o bâst dannedd i fyny 'mhen ôl nes fy mod i'n gwichian fel mochyn. Welais i erioed y ffasiwn lanast. Mi gymerodd ddyddia i mi lanhau fy hun yn iawn.

'Ti'n un o'r hogia rŵan,' meddan nhw.

'Diolch yn fawr,' meddwn inna, gan feddwl bod bob dim drosodd. Ond cyn bo hir, dyma fy rhoi i mewn wardrob a'i throi hi â'i drysau at i lawr fel ei bod yn amhosib i mi ddod allan ohoni!

Tric arall a gâi ei chwarae yn rheolaidd oedd y *French Bed*, sef troi dillad y gwely yn ei hanner fel nad oedd modd mynd i mewn iddo. Gwelais ambell un yn cicio gymaint nes bod eu traed yn mynd drwy'r defnydd.

Roedden ni'n cael diwrnod a hanner o *leave* bob wythnos a phob nos Wener yn cael mynd i Bictiwrs Bach y Borth. Cerdded yno wrth gwrs, a dwyn 'falau ar y ffordd.

Wedi i mi fod yno rhyw fis, daeth Gwyn Trefor fy ffrind yno a chododd hynny fy nghalon rhyw chydig. Mi gafodd yntau ei dderbyn efo'r blacin, yn union fel finna.

Un noson, roedd gennym ni lond troli o lestri ar ôl gorffen yn yr *Officers Mess*. Penderfynu cymryd arnom ein bod yn dreifio car wedyn a chadw reiat fel mae rhywun ifanc. Ond dyma'r troli'n mynd un ffordd a'r llestri y ffordd arall. Dyma glec, a'r llestri'n shwrwd. Mi glywodd y bòs, Mr Porter, y twrw.

'*Go to my office at once!*'

Mi gawson ni wybod be oedd be gan hwnnw. Mi fu'n

rhaid i Gwyn a finna fynd am bythefnos heb gyflog i dalu am y llestri.

Ond un pnawn, aeth petha'n flêr a chwarae'n troi'n chwerw go iawn. Roeddwn i wedi cael gafael ar glustog i amddiffyn fy hun a dyma'r plu i bob man fel eira. Pwy gerddodd i mewn ond Mr Porter, a phwy gafodd y bai? Ia, fi, am mai fi oedd yn digwydd bod yn gafael yn y glustog. Os ydach chi wedi bod yn y fyddin neu ar y môr, mi wyddoch nad oes fiw deud, dim ond derbyn y gosb.

'Parry,' medda fo, 'That's your leave stopped for two weeks!' Roedd gen i ddigon o hiraeth fel roedd hi, heb sôn am fod yno am bythefnos heb fynd adref o gwbwl.

'Aros di 'ngwas i,' meddwn wrthyf fy hun. 'Os wyt ti'n meddwl 'mod i am aros yn fa'ma am bythefnos heb symud, mi gei di feddwl eto!'

Y diwrnod wedyn, pan oedd pawb yn gweithio, mi es i i fyny i'r ystafell, pacio fy nghês a'i guddio dan y gwely nes ei bod y saff i ddianc. Yna, ffônio ffrind i mi, Valmai Edwards, y nyrs oedd yn aros acw yn Waunfawr, a dweud wrthi 'mod i wedi cael digon ac am ddengid oddi yno.

'Ti'n siŵr dy fod yn gwneud y peth iawn?'

'Ydw! Dwi'n cychwyn rŵan!' medda fi.

Drwy'r caeau es i, rhag i neb fy ngweld. Cyrraedd y lôn bost a chuddio y tu ôl i'r clawdd a gobeithio bod Valmai am ddod i fy nôl. Ymhen hir a hwyr, dyma weld yr hen A40 gwyrdd yn dod. Allan â fi i'r golwg ac awê!

Mi driodd 'nhad fy nghael i fynd yn ôl ond roeddwn i'n benderfynol. Tua thair wythnos wedyn, fe wnaeth Gwyn yr un fath yn union!

O'r Beic i'r *Blue Funnel*

Ar ôl chwe wythnos ar y *Conway*, cafodd fy modryb waith i mi mewn siop groser yng Nghaernarfon. 'Dwyt ti ddim yn cael dechra mynd ar y dôl!' medda hi, felly 'cario allan' amdani. Beic mawr du a basged ar y tu blaen i gario neges; doedd o ddim yn waith hawdd gan fod y beic mor drwm.

Roedd siop *Jones and Owen* wrth ymyl gwesty'r *Eagles* yn y dref a'r rhan fwyaf o'r cwsmeriaid yn byw i fyny'r allt hir i gyfeiriad Llanbeblig, a'r rhai pellaf hyd at ddwy filltir draw am Rosbodrual. O'r diwrnod cyntaf roeddwn yn cyddynnu'n iawn â'r staff, a'r bòs, Mr Owen a'i wraig yn hynod glên. Rhyw unwaith neu ddwy y cefais i gerydd gan Mr Owen a hynny am bethau bach, gwirion. Roedd yna un teulu yn mynnu gadael y ci allan yn y cefn a hwnnw'n hen alsatian mawr oedd yn cyfarth a mynd o'i go' pan oedd o yn fy ngweld i'n dod. Gadewais y neges yn y 'porch' un diwrnod a'i g'luo hi. Ond roedd yna *boiled ham* yn y bocs a dyma'r hen gi yn ei fwyta. Mi gefais row am hynny ond fu dim rhaid i mi fynd ar gyfyl y tŷ hwnnw wedyn.

Roeddwn i wedi cymryd ffansi at rhyw ferch o'r enw Cynthia oedd yn byw yn Lôn Eilian, ac yn mynd heibio ei thŷ efo'r beic yn trio dal ei sylw bob cyfle a gawn i, fel yr oedd rhywun yn ei wneud yn bymtheg oed. Creadur bach swil oeddwn i bryd hynny cofiwch, a braidd yn ofnus efo merched, ond mi ddois yn ffrindiau efo hi ac mi fu'n cydgerdded efo fi lawer gwaith wrth ddanfon y neges.

Roedd fy nghyflog erbyn hyn yn bedair punt yr wythnos, dipyn gwell na'r deunaw swllt ar y *Conway*! Ond ar ôl rhyw bedwar mis yno doeddwn i'n gweld dim byd yn digwydd yn fy mywyd ac ro'n i'n barod am antur arall. Daeth cefnder i mi o Lerpwl, George, i aros atom am benwythnos efo'i ffrind, Roy Andrews. Roedd hwnnw'n llongwr ar y *Blue Funnel Line* ac yn edrych yn smart efo'i liw haul a'i ddillad da. Mi ddeudodd bod yna lawer o hogia Cymraeg yn y cwmni a dyma benderfynu'n syth y baswn yn anfon am fanylion a ffurflen gais am swydd. Mi lwyddais i berswadio fy ffrind Gwyn i wneud yr un fath. Roedd hwnnw'n gweithio efo cwmni *Lucas* ac yn cwyno bod ei ddillad yn dyllau i gyd ar ôl cario batris ceir. Ymhen mis, roedden ni wedi cael y manylion ac yn barod i fynd i Benbedw am gyfweliad fel *deck-hand*. Ychydig a wyddwn i bryd hynny fod cyfnod newydd, anturus yn fy mywyd ar fin dechrau.

Tad Gwyn aeth â ni draw, i rhyw le o'r enw *Oddyssey Works* ym Mhenbedw, a Chymro glân o'r enw Mr Griffiths o ochrau Harlech yn ein croesawu yno. Roedd yna dri arall efo fo, Mr Greenwood, Captain Eda a Mr O'Brien.

Cawsom ein derbyn i ddechrau ymhen pythefnos ac i ffwrdd â ni efo trên deg munud i saith o stesion Caernarfon. Dyma gael iwnifform llongwr a meddwl 'mod i'n rêl boi cyn dechrau ar yr hyfforddiant yn syth. Dysgu rigio, gwneud clymau, trin cwch achub, llywio llong, *quartermaster, navigation* a sut i focsio'r *compass*. Roeddwn wrth fy modd yn cael mynd mewn cwch ar afon Merswy!

Roedden ni'n aros yn y YMCA yn Whetstone Lane, Penbedw, chwech ohonom mewn un ystafell hir. Roedd yno Wyddel, Albanwr, Gwyn a finnau, a dau oedd newydd gael eu talu i ffwrdd neu yn disgwyl llong arall. Dwi'n cofio un ohonynt un noson yn brolio ei fod o wedi dod adref efo tri chant o bunnau – roedd hynny'n ffortiwn yn 1965!

Roedden ni'n mynd i'r caffi yn yr adeilad bob gyda'r nos ac mi fyddai yna rhyw ychydig o ferched yn dod i mewn yno. Dim lol cofiwch, pawb yn barchus iawn ac yn yfed lemonêd. Dwi'n cofio sgwennu at un o genod y caffi. Roedd o'n beth od ond mi fyddai rhai genod yn gofyn i hogia oedd ar y môr anfon llythyrau atynt.

Un peth arall dwi'n ei gofio am y caffi oedd bod grŵp gwerin o'r enw *The Spinners* yn dod yno i ganu. Dyna'r tro cynta erioed i mi weld grŵp proffesiynol yn perfformio'n fyw.

Chwe phunt yr wythnos oedd fy nghyflog erbyn hyn a'r drydedd job i mi ei chael o fewn ychydig fisoedd ers gadael yr ysgol.

Roedd dysgu nofio yn rhan o'r hyfforddiant, a dyna beth oedd profiad! Pan ofynnwyd i ni pwy oedd yn gallu nofio, mi godod pawb ei law ond roedd Gwyn yn gwybod na fedrwn i nofio strôc! Chawn i ddim mynd i nofio i Bont Cob yn Waunfawr; roedd hi'n rhy beryglus a daeth rhybudd Anti

31

Katie i beidio dod adra wedi boddi yn ôl i mi. Ta waeth, cael ein hel i'r pen dwfn a neidio i mewn oedd hi. Mi wnes rhyw fath o ymdrech i gyrraedd y lan ond fedrwn i wneud dim ond tagu a llyncu dŵr. Roeddwn i'n benderfynol o beidio dangos fy hun yn fabi, er bod yr hyfforddwr wedi gwylltio'n gacwn a dweud nad oeddwn i ddim hanner call.

Ond mi wnes i fwynhau Penbedw, cael mynd i'r pictiwrs a'r capel Cymraeg a chyfarfod ffrindiau newydd. Y drefn fyddai tri mis yn 'coastio' Prydain, Glasgow, Abertawe, Belfast, Avonmouth, a hefyd y *Continental Coast*, sef Hamburg, Rotterdam a Lisbon.

Adref wedyn i ddisgwyl am long a dyma Gwyn a minnau'n cael teligram *'to join Myrmidon for coasting'* ac i ffwrdd â ni rhyw ben bore mewn car A35 oedd yn eiddo i frawd Gwyn. Cafwyd cychwyn trychinebus i'r antur. Roedd yna ormod o bwysau ar y cefn efo'r holl baciau a dyma'r car bach oddi ar y ffordd ger Croesywaun. Roedd o'n rhacs ond doedd neb wedi brifo, diolch i'r drefn. Cael a chael wedyn i ddal y trên deng munud i saith o Gaernarfon a riportio i swyddfa *Blue Funnel* yn Lerpwl mewn pryd.

I ffwrdd â ni i chwilio am Mr Griffiths oherwydd ei fod o'n siarad Cymraeg, a thrio osgoi Captain Eda. Mi gawsom wybod ganddo lle'r oedden ni'n mynd ac am faint, ac yna at y meddyg i gael y pigiadau. Ia, tua thair efo'i gilydd ac un yn frwnt iawn. Mi fuo honno'n fy mhoeni am dair wythnos!

Doedd y profiad o ollwng fy nhrowsus a phesychu ddim yn beth braf, ond ddim hanner mor annifyr â'r ddarlith a'r ffilm ar *VD*. Roedd cegau Gwyn a fi yn llydan agored wedi dychryn. Chwe mis ynghynt roedden ni'n chwarae tic yn Waunfawr, heb fawr o ddiddordeb mewn merched. Peth preifat ofnadwy oedd caru a ballu yr adeg hynny!

Teimlad rhyfedd oedd cerdded i fyny'r *gangway* yn Gladstone Dock a'r *Myrmidon* yn siglo o ochr i ochr. Roedd y pedwar ohonom oedd yn rhannu caban wedi bod ar y cwrs efo'n gilydd ond doedd dim lle i droi yno. Mi ddaeth yn amser bwyd ac i ffwrdd â ni am y gali – llond plât o reis efo wy yn ei ganol. Erbyn deall, *Chinese* oedd yn y gali, wedi eu geni a'u magu yn Lerpwl ac yn hen hogia iawn.

Roedd y llong yn mynd i Glasgow am naw diwrnod a dyma hwylio ganol nos a hithau'n drybeilig o oer. Aethom

Dylan a'i fam, Jane Parry

Dylan a'i dad, Hugh Parry

Dylan ac Anti Katie

Dylan gyda'i gyfnither Beti

Dylan gyda'i gefnder, Bob a theulu Lerpwl

Amser maith yn ôl!

Williams Whiteways

34

Llencyn ifanc ar fwrdd llong

Tywydd stormus Awstralia

Y llongwr ifanc a'r môr yn ei waed

35

Ffrindiau ar un o'r teithiau

Ymlacio ar fwrdd llong

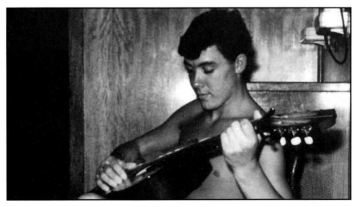

Ymarfer gitâr yn y caban

Gyda Gwyn ar y Degama   *Cadw cwmni rhai o ferched ifanc
Singapore*

Y Llynges yn Hong Kong

Toby's Singapore   *Mwynhau'r heulwen yn Penang*

Dylan a Barbara, dau enaid hoff cytûn

Gyda chydweithwyr ar Bont Britannia

Yng nghwmni cydweithwyr y Bwrdd Trydan

Dylan a Barbara *Neil yn dilyn ôl troed ei dad*

Y teulu bach

Jane, Neil a Lynne

Rhoi cynnig ar actio

Aelodau Castaways

Canu gyda Tenderfoot

Barbara, Dylan, Valmai a Neville

Dyddiau da Traed Wadin

Yr unawd cyntaf

Dylan a Neil

Derbyn gwobr gan Jonsi am fy nghyfraniad i ganu ysgafn yng Nghymru

Yr hogia yng nghwmni Albert Lee

Yng nghwmni Anette Bryn Parri

Traed Wadin a Brendan Shine

Yng nghwmni Glen Campbell

Dylan a'r gantores ifanc Meinir Gwilym

Recordio yn Sain gyda rhai o ddisgyblion Ysgol Felinheli

Diddanu ym Mhlas Maesincla

Ymlacio yn Iwerddon

Noson boblogaidd yn Rhosgadfan!

allan i Fôr Iwerddon i ganol *gale force 9* a chael ein taflu i bob man, sŵn pethau'n disgyn a thwrw pistons ac ati. Wedi mynd i'n gwlâu doedd dim modd cysgu – roedden ni'n teimlo'n sâl erbyn hyn ac yn taflu i fyny un ar ôl y llall a phawb yn ddigon sâl i farw.

'Peggys' oedden nhw'n ein galw ni ar y tripia cynta, sef enw arall am *deck boy*. Ein gwaith ni oedd edrych ar ôl y *Bosun*, y *Bosun's Mate*, a'r saer, neu'r 'chippy', a hefyd yr AB's. Cymryd ein tro i lanhau y *mess room* a'r toiledau a chario bwyd i'r *Bosun* a'i griw. Dyn mawr cryf o Amlwch o'r enw Trefor Roberts oedd y *Bosun*. Roedd o'n ŵr bonheddig ac fel tad i ni ar y fordaith gynta. Bob hyn a hyn roedden ni'n cael 'Wyt ti'n iawn?' ganddo pan nad oedd neb o gwmpas.

Roedden ni'n gweithio tan tua naw y nos yn llnau yr *hatches* ac yn stacio coed yn dwt yn barod am y cargo. Y gwaith yn galed a'r diwrnod yn hir, gwaith a gwely go iawn! Mi gawsom ein talu i ffwrdd efo pedair punt ar ddeg, arian mawr yn 1965.

Cefndir y *Blue Funnel*

Dyn o'r enw Alfred Holt ddechreuodd y *Blue Funnel Line*. Roedd yn un o bump o frodyr ac yn beiriannydd arbennig iawn. Dyn busnes llewyrchus oedd ei dad, wedi dechrau gweithio ei hun yn y busnes gwlân. Rhoddodd hwnnw arian i Alfred brynu ei long gyntaf, sef y *Dumbarton Youth* yn 1853. O fewn dim roedd ganddo dair arall ac enwau Groegaidd iddynt, sef *Agamemnon, Ajax* ac *Achilles*.

Roedd yn benderfynol y gallai ei longau stêm dorri'r record am hwylio o Lundain i Hong Kong, a dyna wnaeth o mewn saith deg chwech o ddyddiau. Agorodd hynny fyd newydd sbon i'r cwmni.

Bu'r cwmni'n rhan bwysig o Lerpwl am gan mlynedd. Erbyn y chwedegau roedd ganddynt tua saith deg o longau efo'r cyrn enwog glas a du. Doedd dim diwrnod yn mynd heibio heb i tua phump o'r llongau hwylio i fyny neu i lawr afon Merswy.

Cysylltiad Cymreig y cwmni oedd bod nai Alfred Holt yn ymweld â Phen Llŷn yn gyson ac wedi gwneud ffrindiau mewn lle o'r enw Glasfryn ger y Ffôr. Prynodd dŷ yn Chwilog o'r enw Pengraig. O ddod i adnabod y bobol leol a gweld gymaint o ddiddordeb oedd ganddynt yn y môr, penderfynodd agor ysgol hyfforddi yn Aberdyfi, ac roedd pawb a âi yno yn siŵr o gael ei dderbyn gan *Blue Funnel.* Roedd y cwmni'n cael ei alw gan hogia Lerpwl yn *China Boats, Blue Flue, Welsh Navy* ac *Alfred Holts* ac roedd yn gwmni da; bwyd da a'r gwaith yn galed ond edrychid ar ôl y llongwyr. Roedd gan y cwmni gymaint o ffydd yn y llongau, y criw a'r capteiniaid fel na ddaru nhw dalu yswiriant ar ddim un llong. Wrth wneud hyn, roedden nhw'n arbed digon o arian i adeiladu llong newydd sbon bob pedwar mis ar ddeg a heblaw am amser y rhyfel, wnaethon nhw erioed golli'r un llong.

Y Fordaith Gyntaf ar y Cefnfor

Daeth yr hyfforddiant i ben ar ôl rhyw dri mis o deithio o gwmpas arfordir y wlad. Bûm ar longau fel yr *Helenus*, y *Patroclus* a'r *Marion*. Yna cefais deligram i ymuno â'r *Memnon* ym mis Gorffennaf 1966.

Roedd hwn yn ddiwrnod mawr yn fy hanes. Gadael cartref a theulu yn Waunfawr am gyfnod o bedwar i bum mis, a digon o ddagrau oherwydd hynny. Roedd mynd i ffwrdd yn beth go anghyffredin bryd hynny. Heddiw mae pawb bron yn mynd ar wyliau dramor ond roedd trip Ysgol Sul i Rhyl neu Butlins, Pwllheli yn bell ers talwm!

Cyrhaeddais *India Buildings*, Lerpwl a mynd yn syth at Mr Griffiths eto.

'Pedwar mis,' medda fo, 'am y Dwyrain Pell!' Yna, llofnodi ac i ffwrdd am 'medical' llawn – yr un drefn ag o'r blaen.

Roedd y *Memnon* yn fwy newydd na'r *Myrmidon*, yn pwyso tua 14,000 tunnell a Gwyn a fi yr unig ddau *deck boy* arni. Rhannu caban oedden ni a hwnnw'n bren i gyd efo dwy locer a *porthole*. Dwi'n cofio meddwl mai hwn oedd fy nghartref i fod am y pedwar mis nesa. Yr unig gysur oedd gen i oedd bod Gwyn efo fi eto. Fo oedd fy ffrind gorau ac yn dal i fod hyd heddiw.

Doedd fawr o neb ar y llong pan aethom arni, roedden nhw i gyd yn y dafarn ac felly y bu hi tan y funud olaf. Ambell un yn cael traed oer ac yn dengid ond dod yn ôl fesul un a wnaen nhw, yn feddw bost.

Ar ôl i'r docars adael y llong, roedd yna ddistawrwydd mawr. Roedd Gwyn a fi yn y caban a dyma rhywun yn curo ar y drws. Tua phump o ddynion pwysig oedd yno mewn hetiau bowler a chotiau llaes du ac wedi dod i ysgwyd llaw a dymuno mordaith dda i ni. Erbyn deall, teulu'r Holts eu hunain oeddan nhw. Dyna'r math o gwmni oedd o, yn meddwl am eu dynion.

Ymhen ryw awr, dyma'r *Bosun* yn gweiddi 'Turn to' a oedd yn arwydd i ni ddechrau gweithio. Roedd gan y llongwyr iaith a dywediadau eu hunain a oedd yn cymryd amser i'w deall: *smoko* oedd paned o de, *coni oni* oedd llefrith mewn tin, *tab nab* oedd teisen, *corn dog* oedd *corned beef*, ac yn y blaen.

Roedd gwaith caled o'n blaenau, cau saith o *hatches*, gollwng dau ddeg saith o *derricks* a thwtio bob man fel bod y llong yn saff i fynd allan i'r môr mawr. Yna'r *Bosun* yn gweiddi *'Stand by, lads!'* yn barod i'r peilot. Teimlwn ias oer yn mynd drwydda i – doedd dim troi'n ôl rŵan. Yna'r docars yn dymuno'n dda i ni wrth ollwng y rhaffau i'r dŵr, y corn mawr glas a du yn rhoi bloedd ac allan â ni i afon Merswy.

Gollyngwyd y peilot ger Sir Fôn ac i lawr â ni am y Sianel a Bae Biscay. Doeddwn i erioed wedi gweld tonnau mor fawr. Un munud roedd y llong i fyny ar frig y don, wedyn yn plymio i mewn i'r dŵr ac yn ysgwyd i gyd a gwichian. Roedd y cychod pysgota bychain o'n cwmpas yn edrych fel cychod papur a minnau'n diolch i'r drefn nad oeddwn i arnyn nhw. Mi gymerodd dri diwrnod i'r tywydd ostegu ac erbyn hynny roedden ni wedi dechrau dod i adnabod y llongwyr eraill, hogia fel Derek Owen o Lannerch-y-medd, Edgar Bach o Borthmadog a Twm Fawr o Edern. (Ymhen blynyddoedd wedyn, mi briododd fy mrawd, Brian, efo merch Twm!) Dwi'n cofio eistedd yng nghaban Twm rhyw noson a dyma fo'n fy anfon i'r bar i nôl dau lemonêd.

'Iawn,' medda finna. Pwy oedd yn sefyll yno ond y *chief steward*, a hwnnw wedi cael diod. Rŵan, y dynion pwysicaf ar y llong oedd y capten, oedd fel duw, yna'r *chief engineer*, y *second mate* a'r *chief steward*. Mi ofynnodd pwy oeddwn i a phan atebais i *deck boy* mi sylwodd fod gen i dwll yn fy nghrys-T. Dyma fo'n rhoi ei fys yn y twll, rhwygo'r crys yn rhacs a'i dynnu oddi ar fy nghefn a'i daflu. Hwyl ofnadwy iddo fo ond roedd o wedi fy mychanu i o flaen pawb.

Roedd Twm yn lloerig pan es yn ôl a dweud wrtho beth oedd wedi digwydd. Aeth yn syth i fyny at y *chief steward* a gofyn iddo drio hynny efo fo yn hytrach na bachgen pymtheg oed. Y bore wedyn, daeth y *chief steward* i lawr a rhoi crys newydd sbon ar fy ngwely – maint coler 17 a minnau'n 14! Roedd o wedi cael y neges i beidio cega ar y Cymry. *'Good Morning Taff,'* oedd hi wedyn.

Roedd bod ar y môr mawr yn dipyn gwahanol i fod ar arfordir Prydain. Codi am hanner awr wedi pump y bore, sgwrio lloriau pren y llong o'r pen ucha i'r gwaelod, a'i golchi hi i gyd efo dŵr. Cael brecwast llawn am wyth a dechrau'n ôl am naw. Paentio'r llong, crafu'r paent lle'r oedd y rhwd yn ddrwg, tynnu'r blociau oddi wrth y *derricks* a rhoi digon o grîs arnyn nhw yn barod i weithio cargo. Cinio am hanner dydd, tri chwrs, a'r un fath am bump o'r gloch. Ambell i gyda'r nos byddwn yn mynd i fyny ar yr olwyn i ddysgu bod yn *quarter master*, neu wrando ar recordiau yn y *mess room*. Dyna pryd y dechreuodd fy niddordeb i mewn canu gwlad.

Roedd yn rhaid golchi ein dillad bob nos a doedd fiw inni fynd yn flêr achos buan iawn y byddai'r hogia eraill yn gadael i chi wybod. Os oedd eich trôns yn fudr mi fydden nhw'n gofyn *'Can you get them in white?'*. Unwaith yr wythnos mi fyddai'r capten yn dod o gwmpas efo'i griw i weld oedd eich caban yn lân. Byddai'n gwisgo maneg wen i chwilio am lwch ac yn ei ddangos i chi. Y *Chinese* oedd yn gwneud ein smwddio ac yn mynnu defnyddio starts efo bob dim.

Ar ôl saith diwrnod, dyma gyrraedd Port Said yn yr Aifft. Roedden ni'n gallu ogleuo'r lle tua diwrnod cyn cyrraedd. A dweud y gwir, roedd y rhan fwyaf o'r lleoedd yr un fath, yn llawn arogleuon y wlad.

Byddai'r gwres yn llethol am tua hanner dydd, yn ddigon poeth i ffrio wy ar y dec ac ni fyddai neb yn mynd i'r lan yn Port Said. Roedd cychod bach yn dod atom ni fel siopau bach. *Bum boats* oedd eu henwau ac roedden nhw'n gwerthu pob math o bethau i gofio am yr Aifft. Docars oedd yn mynd â ni drwy'r Suez a'r rheiny wedi eu gwisgo mewn cadachau i gyd, yn union fel y lluniau ym Meibl y Plant yng Nghapel Croesywaun, ond roedd y rhain yn barod i werthu unrhyw beth i ni, yn enwedig lluniau budr a llyfrau glas oedd yn cael eu galw'n *Port Said Bibles*. Os oedden ni'n gorwedd ar y bync, mi fyddai rhywun yn curo ar y *porthole* gan weiddi *'Psst... Psst... Johnny. You want to buy Spanish Fly?'* a ninnau wedyn yn taflu esgid neu rywbeth ato.

Chlywais i erioed am neb yn prynu'r *Spanish Fly* na gwybod beth oedd o. Mi soniodd un o'r hogia bod milfeddyg yn ei roi i deirw pan oedd buwch yn gofyn tarw! Roedd yna foi arall fel consuriwr yno, y 'Gili Gili Man', a'r tebyca welsoch chi i Tommy Cooper. Mi fedrai hwnnw wneud i gywion ieir ymddangos o nunlle, neu osod tri chwpan o'ch blaen a dyfalu ble'r oedd y bêl. Roedd boi arall yn trwsio sgidiau ac yn medru dweud 'Sut wyt ti?' gan fod hogia Cymraeg yn y fyddin wedi ei ddysgu. Yno hefyd roedden ni'n cael torri ein gwalltiau. Dyna'r tro cyntaf erioed i mi gael *crew cut* – roedd gen i fop o wallt cyrls bryd hynny! Mi gymerodd rhyw dridiau i fynd drwy'r Suez. Roedd yna ddau foi efo ni yn barod i fynd â rhaffau i'r lan petai'n dod yn storm dywod. Mi fyddai'n rhaid clymu'r llong petai hynny'n digwydd. Ar ganol y Suez, sef y Bitter Lakes, roedden ni'n disgwyl ein tro i fynd drwodd, ac yma fe gaem fynd i nofio.

Allan wedyn i'r Môr Coch lle'r oedd hi'n annioddefol o boeth, y tymheredd tua 130 a'r chwys yn powlio oddi arna i. Ym mhorthladd Djbouti roeddwn i'n paentio ochr y llong pan es i'n benysgafn i gyd a dechrau taflu i fyny a methu sefyll ar fy nhraed. Wedi cael fy nharo gan yr haul oeddwn i. Roedd yna nyrs gwrywaidd ar y rhan fwyaf o'r llongau ac ysbyty efo dau wely, ac yno y bûm i am rhyw ddeuddydd neu dri nes y deuthum ataf fy hun. Gan mai fi oedd yr ieuengaf ar y llong, mi ges ddigon o sylw gan yr hogia a oedd yn galw i 'ngweld i bob cyfle. Bu'n rhaid cymryd y tabledi halen yn rheolaidd wedyn, a hefyd y *lime juice* â blas afiach arno!

Aden oedd y porthladd nesaf lle'r oedden ni'n cael olew i'r llong, ond doedd neb yn cael mynd i'r lan am fod rhyfel wedi bod yno. Cawsom ddŵr ffres a blas fel dŵr golchi llestri arno hefyd. Allan i'r Malaga Straits wedyn. Lle drwg am fôr-ladron meddan nhw, er na welais i un erioed.

Hwylio am rhyw bythefnos ar y môr wedyn nes cyrraedd Penang yn Malaya a docio wrth ymyl y Neuadd Bren, gyferbyn ag Ynys Lankawi. Gyda'r nos byddem yn mynd i gerdded o gwmpas y lle, a dyma gyrraedd yr *Hong Kong Bar* a oedd yn boblogaidd iawn efo'r llongwyr. Doedden ni ddim yn yfed o gwbl, ond roedd yr hogia eraill wrth eu boddau'n dangos rhyfeddodau'r lle – byd hollol newydd i ni.

Gadael Penang am Port Swetenham, neu Sweatbox fel y bydden nhw'n ei alw fo. Mi gefais i weld pam ar ôl cyrraedd. Roedd y tai ar bolion ar hyd yr afon ac yn ymestyn i'r goedwig. Roeddem yn angori allan yn y môr ac yn defnyddio *launch* i fynd i'r lan. Yno roedd *Seamen's Mission* da ofnadwy efo pwll nofio arbennig a bwyd ardderchog. Byddai pob math o greaduriaid bach yn dringo'r waliau yno, a distawrwydd y nos yn cael ei lenwi â sŵn di-baid miloedd o griciaid. Rydw i'n cofio torri pen fy mys yno a hwnnw'n mynd yn ddrwg. Dechreuodd gasglu a bu'n rhaid i mi fynd i'r ysbyty i gael ei lansio. Rhoddodd y nyrs ddwy bigiad yn fy mys a dyma'r lle'n dechrau troi a minnau'n gweiddi fy mod am lewygu. Doedd y nyrs yn deall dim arna i ac o'r diwedd mi gefais ei lansio ac allan i'r awyr iach. Roedd y meddyg wedi rhoi cwrs penisilin i mi ond roeddwn mor wan nes i mi ollwng y tabledi ar lawr a dyma rhyw afr yn dod o nunlle a'u bwyta. Felly dim ond hanner y cwrs a gefais i a'r afr yr hanner arall! Roedd yr anifeiliaid yn cerdded y strydoedd yno, yn union fel pobol.

Roedden ni wedi bod ar y fordaith am dair wythnos ac yn barod i gychwyn am Singapore. Rhyw ddeuddeg awr oedd rhwng bob porthladd. Dwi'n cofio bod fan'no yn lle hynod o lân a'r porthladd mawr cyntaf i ni. Mi gawsom dair wythnos yno yn llwytho a dadlwytho cargo.

Roedd y llongwyr wrth eu boddau yn Singapore. Cael gweld y *Raffles Hotel* oedd yn grand ofnadwy, a'r *Tiger Balm Garden*. Roedd y bariau a'r dociau yn wyllt gyda'r nos, a'r hyn ddywedodd y doctor yn Lerpwl yn dod yn ôl i mi. Yma roedd y merched yn dlws ond yn dod am bris – '*I love you for free,*' meddan nhw, '*Free dollars!*'

Hanner nos roedd y bariau yn cau a phawb wedyn yn anelu am y Boggey Street, lle da am fwyd a lle da am bob math o bethau eraill hefyd!

Roeddwn i'n eistedd i lawr i gael bwyd un noson a dyma rhyw bishyn yn dod ac eistedd ar fy nglin i. Dyma fi'n gwirioni'n lân, fel y buasai rhywun pymtheg oed.

'*You like me?*' meddai.

'*Yes, very nice,*' meddwn inna, ddim yn siŵr iawn beth i'w ddweud.

Mi sylwais fod y merched eraill a rhai o'r llongwyr yn chwerthin, a dyma un o'r genod yn dweud yn fy nghlust '*That's a Billy Boy!*'.

55

Wyddwn i ddim beth ar y ddaear oedd peth felly ond mi gefais wybod yn ddigon buan mai dyn wedi ei wisgo fel dynes oedd yn eistedd ar fy nglin. Rhedais oddi yno at y tacsi agosaf am fy mywyd. Credwch chi fi, roedd y rhain yn ddelach na'r merched – doedd dim posib dweud y gwahaniaeth heb fynd i'r afael â nhw. Mi fedrwch chi ddychmygu'r holl dynnu coes a gefais i y bore wedyn ar y llong.

Y fan'no oedd y lle cyntaf i mi brynu presantau, mewn lle o'r enw *Change Alley*. Roedd yn rhaid bod yn ofalus iawn wrth gerdded y strydoedd gan fod ffosydd monsŵn dyfnion bob ochr i'r ffordd. Dim ond am rhyw ddeg munud ar y tro yr oedd hi'n bwrw ond roedd y ffosydd yn llenwi ac ar ôl i'r glaw arafu byddai'r mosgitos yn dod i'ch bwyta yn fyw.

Mi wnes i gyfarfod â phry arall wrth fwyta fy mrecwast un diwrnod, sef jasper, rhywbeth tebyg i bry clustia. Byddai'r rhain yn berwi yn y *corn flakes* ac ar hyd y lle bwyta, a ninnau'n gorfod eu pigo o'r bwyd a'u taflu.

Roedd y pictiwrs yn Singapore yn un arbennig iawn. Adeilad modern, digon o le ac efo system awyru. Mae hi wedi cymryd deugain mlynedd i ni gael pictiwrs felly yn y gogledd, yn Llandudno.

Cyn gadael Singapore cawsom gêm bêl-droed. Roedd tîm ar y rhan fwyaf o'r llongau ac mi gefais innau fy newis. Wel, roedd unrhyw un yn cael ei ddewis os oedd o'n fodlon chwarae. Ond roedd y tîm hwn yn un arbennig o dda gan fod rhyw foi o'r enw Gordon Charlton yn *3rd engineer* ar y llong. Roedd hwn yn hen foi iawn ac yn frawd i Bobby Charlton ac mi aeth ymlaen i fod yn bêl-droediwr proffesiynol. Bûm ar ddau drip efo fo a dod yn ffrindiau da. Byddem yn cael gêm yn y rhan fwyaf o'r porthladdoedd a'r tîm arall fel arfer yn chwarae'n droednoeth, ac ni fyddai hynny'n amharu dim arnyn nhw. Y tro diwethaf i mi weld Gordon oedd ar *This is Your Life*, ond fyddai o byth yn fy nghofio fi. Mae'n siŵr fy mod innau'n ei gofio fo oherwydd pwy oedd o!

Wedi darfod y cargo, roedden ni'n barod i adael. A minnau'n meddwl fy mod i wedi gweld rhyfeddodau'r byd yn barod, dyma anelu at y lle'r oedd y llongwyr eraill yn ei alw'n *Jewel in the Crown*, sef Hong Kong.

Hong Kong

Roedd cyrraedd Hong Kong gyda'r nos yn gwneud i chi sefyll yn ôl a dweud 'Wow!'. Dyma le arbennig. Osgoi y *junks* ar y ffordd i mewn, angori wrth ymyl y *Kia Tak Runway* i ddisgwyl *berth* a gweld mynydd y Peak yn ymestyn uwchben adeiladau'r harbwr. Roedd yr adeiladau hyn yn anferthol o uchel a'r goleuadau'n dawnsio ar wyneb y dŵr. Roedd llongau'r Llynges Brydeinig i'w gweld ar ochr Hong Kong a ninnau'n mynd am ochr Kowloon, i'r *Holts Wharf*.

Cyn gynted ag yr oedden ni wedi clymu, roedd y *Chinese* ar y llong fel morgrug, yn ei meddiannu bron. Roeddent wedi'u gwisgo mewn du i gyd a hetiau gwellt ar eu pennau, ac yn cario bwyd efo nhw wedi ei lapio mewn deilen fawr werdd. Reis a physgodyn oedd y bwyd ac ambell un yn bwyta'r hyn oedden nhw'n ei alw'n *beetle nut* oedd yn edrych yn afiach ac yn gwneud eu cegau'n goch. Wedi bwyta, roedden nhw'n gwneud sŵn crafu mawr yn eu gyddfau ac yn ei boeri allan. *Call of the East* oedd yr hogiau'n galw hyn ac roedd yn gadael staen ar bared y llong a'r deciau pren. Roedd yr hogia'n eu galw'n bob enw gan ei bod yn anodd cael gwared â'r staeniau a byddai'n rhaid defnyddio *caustic soda*. Roedden nhw'n fy atgoffa o fy Yncl Willie ym Mhen-y-groes yn cnoi baco shag ac yn ei boeri i'r tân a byth yn methu!

Ond nid dod yno i fwyta fydden nhw ond i lanhau'r *hatches* yn lân ar gyfer *latex* ac olew. Pren bambŵ oedd y scaffold a rhaffau gwellt yn ei ddal efo'i gilydd. Un o'r pethau cyntaf oedden nhw'n ei wneud oedd gosod toiled ar gefn y llong, sef bocs mawr sgwâr a thwll yn ei waelod a gâi ei alw'n *Thunderbox*.

Roedd llawer iawn o'r *Chinese* efo dannedd aur, ac yn ôl yr hogia, dyma beth oedd yn cael ei ddefnyddio i dalu am eu claddu os nad oedd ganddyn nhw arian.

Roedd Hong Kong yn lle cyffrous, yn lle i sefyll am oriau a gweld y byd yn mynd heibio. Byddai teuluoedd yn byw ar y *sanpan*. Y *Star Ferry* yn mynd heibio yn llawn pobol. *Hong Kong Mary* yn cyrraedd ar y llong yn gwerthu crysau-T a thronsus *Y-fronts*, a Jackie Teiliwr yn barod i werthu siwt fyddai'n barod mewn pedair awr ar hugain. Mi brynais i siwt frown *Italian Style* ganddo a chrys gwyn smart. (Ymhen blynyddoedd wedyn aeth y wraig â hi i siop Oxfam am fy mod i'n gwrthod cael gwared â hi!) Roedd y goleuadau mawr ar hyd Nathan Road gyda'r nos yn baradwys i longwr. Ar ôl bod rownd y siopau, cyrraedd y bariau, *Lucky Bar* a *Waltzing Matilda* lle'r oedd y merched tlws yn gwisgo'r ffrogiau kimono wedi eu hagor ar hyd yr ochrau i gyd ac yn taflu eu hunain atoch. Roedd fy llygaid fel cocos yn fy mhen. Roedd llwyth o Americanwyr yn Hong Kong ar y pryd, ar *leave* o Fietnam.

Mi brynodd Gwyn a minnau gitâr yn fan'no i gael rhywbeth i'w wneud yn ystod y gyda'r nosau hir pan oedden ni ar y môr. Johnny Cash oedd ffefryn Gwyn, a Marty Robbins, a dwi'n ei gofio fo rŵan yn canu '*Travelling Light*'.

Roedd bod yn Hong Kong yn brofiad bythgofiadwy, a Gwyn a minnau wedi cael tatŵ bob un i gofio am y lle!

Y porthladd nesaf oedd Manila yn Ynysoedd y Philippines i lwytho coed a rwber. Dyma i chi le peryglus. Roedd yn rhaid aros wrth y giât yn y doc cyn mynd allan ac os nad oeddech chi'n aros mi fydden nhw'n eich saethu chi. Bob trip mi fyddem yn cael chwe ffilm i'w dangos ar y llong, a dyma fi'n cael fy anfon gan y *Bosun* drosodd at long *Blue Funnel* arall i ffeirio ffilm. Pan gyrhaeddais yno roedd y gwyliwr newydd ddal rhywun yn dwyn o'r hatsh ac wedi ei saethu'n farw.

Gadael wedyn am Indonesia, i Djkarta oedd yng nghanol y jyngl. Doedd dim angen arian i fynd i'r lan yno, dim ond sigaréts a sebon i gael noson dda. Dwi'n cofio un neu ddau o'r docars yn chwarae gitâr yno, a Gwyn a minnau'n ymuno â nhw a chael noson dda. Os oeddech chi'n medru chwarae offeryn ar y môr, yna mi fyddech yn boblogaidd. Pan oedd gan yr hogia barti yn y *mess room* a rhyw bymtheg ohonom yno, roedd pawb yn gorfod canu neu ddweud jôc yn ei dro. Os nad oeddech chi'n gwneud, yna sefyll ar ben y bwrdd a dangos eich pen ôl amdani. Diolch i'r drefn fy mod i'n medru canu, meddwn inna!

Byddai ambell un yn yfed am ddyddiau ar y llong. Pan oeddem yn codi am hanner awr wedi pump yn y bore i fynd am baned cyn gweithio, byddem yn mynd heibio ambell i gaban a chlywed 'psss' tun cwrw arall yn cael ei agor. Roedd ambell un yn mynd ar goll weithiau am ddau neu dri diwrnod, wedi cael gafael ar rywun. Mi fyddai'n ddrwg arnyn nhw wedyn efo'r capten a byddent yn gorfod talu dirwy. Yn aml, mi fyddai'r rhain yn cael eu gollwng ar ôl pedwar mis o waith heb ddima', wedi yfed y cwbl! Roedd yna ddynion caled ofnadwy yno hefyd, yn enwedig y *Bosuns*. Roedd yn bwysig i'r rhain beidio cymryd dim lol neu mi fyddent yn siŵr o gael eu sathru.

Wedi gorffen cargo yn Indonesia, dyma gychwyn o Fôr De China, heibio Taiwan ac am Kobe yn Japan. Roedd y lle yn fodern bryd hynny, a'r hogia'n prynu camerâu, setiau radio a llestri am rhyw deirpunt. Yma, hefyd, roedd yr adloniant yn y bariau'n wych a'r grwpiau'n rhai da.

Y porthladd nesaf oedd Yokohama. Docio ar y pier lle'r oedd y bobol leol yn mynd am dro. Roeddwn yn eistedd yn cael paned ar y dec un dydd Sul, yn gwylio'r trigolion yn cerdded heibio pan basiodd rhyw ferch go smart. Dyma un o'r hogia yn gweiddi arni *'You take young man to see Yokohama?'*

Er mawr syndod, mi gytunodd ac i ffwrdd â fi i'w chyfarfod. Roedd hi'n ferch smart a pharchus, nid un o ferched y nos! Mi fuom yn gweld golygfeydd Yokohama. Humiko Saito oedd ei henw ac mi gefais ei chwmpeini am yr wythnos yr oeddwn i yno. Myfyrwraig yn y coleg oedd hi ac eisiau gwella ei Saesneg. Mi fûm yn sgwennu ati am rhyw ddwy neu dair blynedd wedyn.

Wrth gwrs, roedd Japan yn grêt ac yn un o'r lleoedd gorau yn y byd o ran harddwch. Cawsom weld Nagasaki a Nagoya cyn cychwyn am Korea, i borthladd o'r enw Peusan. Dyma le peryglus arall am ddwyn cargo, a'r môr-ladron yn barod i ddwyn rhaffau neu unrhyw beth arall oedd ar gael. Roedd yn rhaid dwblu'r *watch* a minnau'n gorfod bod yn bartner i un o'r AB's. Rhyw noson, wrth i mi edrych drosodd arnyn nhw'n gweithio cargo, mi welais un ohonyn nhw yn dwyn. Pan waeddais i 'Hoi!' dyma fo'n tynnu ei fys ar draws ei wddf, cystal â dweud 'Cau dy geg, neu mi fyddi di'n ei chael hi!' Mi es oddi yno'n reit slei a dweud dim. Cyn bo hir mi glywais dwrw o'r *foc'sle head*. Roedd dau yn dringo i fyny'r *mooring rope*. Gafaelais mewn darn o bren a'i daro'n erbyn y llong a gweiddi a gwneud sŵn dychrynllyd. Mi ddisgynnodd y ddau i'r dŵr!

Noson ofnadwy oedd honno ond cyn bo hir roedden ni ar afon Yangtse ar ein ffordd i Shanghai. Dyna'r China Gomiwnyddol, lle'r oedd Mao yn dduw gan y bobol. Y munud roedden ni yng ngheg yr afon, roedd y *Red Guards* yno i'n cyfarch. Pawb allan ar y dec, dim gwahaniaeth pa amser o'r dydd oedd hi, a sefyll yno tan eu bod wedi gorffen chwilio'r llong i gyd. Roedd yno bosteri mawr o Mao ym mhob man a phawb yn cael llyfr coch *Quotations of Chairman Mao* ac yn addo ei ddarllen i gyd. Y canu a'r propaganda ar yr uchelseinydd ddydd a nos a phawb wedi'u gwisgo mewn glas, y *Shanghai Blues*. Roedd yn rhaid gadael drysau'r caban yn llydan agored i ddangos ein bod yn eu trystio nhw ond doedden ni ddim yn cael siarad efo neb. Os oeddech chi'n cael eich gweld efo camera neu sbinglas, yna byddech ar eich pen yn y carchar! Doedd neb yn cael gadael y llong nesa atom ni am fod rhywun wedi rhoi sbectol a locsyn ar boster Mao. Erbyn deall, hogyn o Bwllheli oedd o ac mi fuo raid iddo fo fynd i'r llys a chyfaddef ond mi ddywedodd ei fod yn addoli Chairman Mao a dweud ei fod wedi darllen y llyfr bach drwyddo!

Roedden ni'n cael mynd i'r lan gyda'r nos, ond dim ond mewn *rickshaw* a dau *Red Guard* yn cario gwn efo ni fel cwmpeini. Mi gawsom fynd i'r *Shanghai Seamen's Club*, lle'r oedd siop fawr yn gwerthu bob dim a'r bar hiraf yn y byd, meddan nhw. Ond pan ddaethon ni allan o'r siop, ymgasglodd tyrfa fawr o'n cwmpas a dechrau poeri arnom ni. Mi gododd hynny ofn mawr arna i a ninnau'n methu gwneud dim, felly yn ôl i'r llong amdani.

Buom mewn dau neu dri o wahanol leoedd wedyn yn China ond roeddwn yn falch o gael gadael y wlad a'i holl halibalŵ.

Y porthladd nesaf oedd Bangkok yn Thailand. Dyma le hardd, gyda'r mynachlogydd mawr a'r tacsis yn ôl ac ymlaen ar hyd yr afon; y cychod mawr hir a'r pentrefi bychan.

Y munud roedden ni wedi docio, dyma un o'r llongwyr yn fy anfon i nôl y *fairy ladder*. Roedd honno wedi cael ei gwneud

60

yn arbennig i ddod â merched ar y llong. Ei thaflu dros y cefn fel nad oedd y capten yn gweld, a dyma nhw'n dechrau dod fel pla. Y Mamasan oedd yn edrych ar eu holau a hi oedd yn taro bargen efo'r prisiau. Weithiau roedd y capten yn eu gweld a'u martsio oddi ar y llong ond fe fyddent yn mynd rownd i'r cefn a dringo'n ôl! Dyma oedd bywoliaeth y rhain ond roedd yn berygl bywyd mynd efo nhw!

Roeddwn i'n eistedd yn edrych dros yr ochr un amser paned pan ddaeth cwch bach i fyny at ochr y llong. Merched yn hel coed i adeiladu tai oedd yno, y *dunnage girls*. O ran hwyl dyma fi'n gofyn i un am reid yn y cwch. Hon oedd y ferch dlysa' i mi weld erioed, ac er syndod mi ddeudodd 'OK'. Mi daeth i fy nôl ar ôl te, pawb o'r hogia'n dweud mor smart oedd hi a finna'n cerdded i lawr y *gangway* ac i mewn i'r cwch. Mi aeth â fi i weld ei chartref yn y goedwig, yna i'r lan yn Bangkok i weld y mynachlogydd a'r bocsio Thai, a'r grwpiau'n canu yn y bariau. Yn anffodus, bu'n rhaid gadael heb gael ei chyfeiriad a welais i fyth mohoni wedyn.

Roedd deufis a hanner wedi mynd erbyn hyn ac un porthladd arall ar ôl, sef Colombo, i nôl te. Mi dreuliais lawer diwrnod yno yn mwynhau'r traethau bendigedig a'r coed palmwydd. Dyna i chi'r bobol glenia fyw. Mi wnaethon ni ffrindiau efo'r docars a'r rheiny'n cario ffrwythau i ni.

'You like fresh pineapple?' oedd hi, a minnau'n ei fwyta bob nos nes yn y diwedd mi gefais i ddysentri. Roeddwn i'n sâl fel ci am wythnos a dydw i ddim wedi cyffwrdd afal pîn byth ers hynny!

Wel, dyma ni yn *homeward bound*. Roeddwn i wedi dod i arfer efo'r haul a 'nghorff i'n ddu bron, heb wisgo crys ers oesoedd. Un storm go iawn gawson ni, sef corwynt yn Japan pan gafodd cannoedd o bobol y wlad eu lladd. Fuo arna' i erioed gymaint o ofn ac oherwydd i mi gael fy magu'n grefyddol, roeddwn i'n gweddïo bob nos y baswn yn dod allan ohoni. Roedd yn rhaid plygu matras y gwely yn ei hanner a chysgu yn y canol efo'r siaced achub yn barod. Welais i erioed donnau mor fawr ond ar ôl tua phum diwrnod mi ostegodd a ninnau rhyw ddau gan milltir oddi ar ein cwrs, ond yn falch o fod yn fyw.

Ar y cyfan, roedd y fordaith wedi mynd yn dda a minnau wedi mwynhau yn ofnadwy.

Tir Sych

Cyraeddasom yn ôl i Lerpwl ym mis Mai 1966 a thalu i ffwrdd efo £80.00 oedd yn bres mawr bryd hynny. Fedra i ddim disgrifio'r profiad a'r cynnwrf o gyrraedd yn ôl, a phawb yn barod am adref. Roeddwn i fel miliwnydd efo cyflog pedwar mis, a digon o bresantau o'r Dwyrain Pell. Gweld y *customs* wedyn, ond doedd dim problem efo ni. Roedd yr hogia'n gwybod am beth roedden nhw'n chwilio, sef sigaréts a baco ac er bod ambell un yn cael ei ddal, doedd o ddim werth y drafferth.

Roedd bob dim yn barod i adael y llong a dyma rhyw foi tacsi yn holi a oedd yna hogia o Gymru am fynd adref. Siarcs oedden nhw'n galw hogia'r tacsis ond roedd deg punt rhwng pedwar i stepan y drws yn swnio'n ddigon rhesymol. Aeth bob dim yn iawn nes i ni gyrraedd Penmaenmawr pan benderfynodd Edgar Bach ei fod o am gael peint. Yno y buon ni tan dri – amser hir i Gwyn a minnau oedd yn yfed lemonêd.

A dyna gyrraedd adref i Waunfawr a chael croeso mawr. Roedd gweld tacsi yn beth anghyffredin yr adeg hynny a dyma 'mrodyr a chwiorydd yn rhedeg i'r tŷ i ddwcud bod Dylan a Gwyn Trefor adref o'r môr; cyn pen dim roedd Waun i gyd yn gwybod. Fedrwn innau ddim disgwyl gweld Anti Katie a'm ffrindiau i gyd i gael dweud yr hanesion a dangos fy lliw haul a'r dillad crand a brynais yn Hong Kong.

Am ryw reswm roeddwn i'n disgwyl i bob man fod wedi newid ond wrth gwrs, roedd yr hen le 'run fath yn union. Ar ôl gweld hogia Waun i gyd, i lawr am Gaernarfon â ni. Bryd hynny, caffis oedd bob dim, a'r ffefryn oedd y *Manticore* dros y ffordd i'r castell. Roedden ni'n mynd yno i yfed *Coca Cola* a chyfarfod hen ffrindiau. Ar ôl gorffen y *Coke*, roedd y perchennog, Mrs Hubbard, yn ein hel ni allan a ninnau'n cerdded rownd y bloc a dod yn ôl i mewn. Dyna'r drefn yn y dre bryd hynny, cerdded rownd a rownd drwy'r nos Sadwrn i weld a oeddech chi'n ffansïo rhywun. Roeddwn i'n ffrindia mawr efo merched fel Marilyn a Marian, Rosalind a genod Siop Nelson, digonedd ohonynt am sgwennu ataf ar y môr.

Roedd dau gaffi arall yng Nghaernarfon, y *Starlight* lle'r oedd yr hogia moto beics yn mynd, a chaffi *El Sombrero* yn Stryd Dan Cloc. Y *Majestic* oedd y pictiwrs gorau yn y dre, ond doedd o ddim byd tebyg i'r hyn a welais yn Singapore neu Hong Kong.

A sôn am fan'no, roeddwn i wedi prynu *firecrackers* yn Hong Kong, y rhai oedd y brodorion yn eu defnyddio i ddychryn y diafol. Dyma benderfynu eu gollwng un noson. Roedd hi'n noson ddistaw, braf pan es i a fy ffrindiau, Nerys a Falmai, i ben Mynydd Cefn Du i'w tanio. Chlywais i erioed y ffasiwn glecian! Roedd yn union fel bom a ninnau wedi dychryn am ein bywydau. Doedd dim i'w wneud ond neidio i'r car ac oddi yno'n reit handi. Pwy ddaeth i'n cyfarfod a'n stopio ni ond yr Heddlu.

'Glywsoch chi dwrw ofnadwy yn dod o fan'na?'

'Naddo, dim byd!' meddwn ninnau.

Ei g'luo hi am adref wedyn, wedi dychryn mwy na'r diafol y noson honno!

Mi wnes i gyfarfod merch ifanc ar y bws *Whiteway* un diwrnod, a dyma hi'n fy ngwahodd yno am baned. Erbyn deall, roedd ei gŵr wedi ei gadael ond mi fûm i'n ddigon call i fynd yno am dro rhyw gyda'r nos efo ffrind. Ar ganol y baned dyma gnoc ar y drws a phwy oedd yno ond ei gŵr, wedi penderfynu dod yn ôl. Wel, dyma hi'n banic.

Er bod y peth yn hollol ddiniwed, mi gawsom ein hel allan ar frys a'r unig le i fynd oedd y cwt glo. Fan'no buon ni am ddwy awr, yn gobeithio i'r nef na fydden nhw angen glo ar y tân!

Yn fuan wedyn fe ddaeth y teligram i fynd yn ôl, i ymuno â'r un llong, y *Memnon*, a chyfnod arall o hwylio am y Dwyrain Pell. Yn 1967, a minnau erbyn hynny ar y *Menestheus*, daeth gair i ddweud bod Suez wedi cau oherwydd rhyfel a bod yn rhaid mynd am y Panama. Roedd hwn yn mynd i fod yn drip rownd y byd.

Cyrraedd Curacao yn gyntaf a'r gynnau mawr bob ochr i ni wrth fynd i mewn. Dyma borthladd Harri Morgan yr oeddwn wedi darllen ei hanes pan oeddwn yn yr ysgol. Pan ddywedodd yr hogia fy mod i am gael mynd dros y mynydd mewn llong, wnes i ddim eu coelio nhw ond roedden nhw'n dweud y gwir. Roedd trenau bach y *mules* bob ochr i'r llong yn ein tynnu ni drwodd. Mae'n debyg mai mulod go iawn oedd yn gwneud y gwaith ar un adeg.

Roedd hyn yn brofiad anhygoel, mynd i mewn i'r *locks* yma a'r dŵr yn codi, yna ymlaen am ychydig i'r *lock* nesa nes ein bod ar ben y mynydd, a'r un drefn wedyn i ddod i lawr. Mi gymerodd hynny rhyw dri neu bedwar diwrnod ond roedd yn flinedig ofnadwy, a chawson ni ddim llawer o gwsg.

Allan â ni wedyn am y Dwyrain Pell a Singapore. Roedden ni wedi bod yn fan'no am rhyw dridiau pan ddaeth galwad *standby* i symud y llong ymlaen i'r craen nesa. Roeddwn i ar y *foc'sle head* pan ddaeth sgrechian a phanic mawr o'r *hatch*. Mi ges i fy hel i lawr gan y *Bosun* i weld beth oedd wedi digwydd. Roedd bocs anferth wedi disgyn ar ben y saer coed. *Chinese* oedd y creadur ac wedi cael ei sodro yn erbyn ochr y cwch. Mi wnes i drio fy ngorau i'w achub a gyrru rhaffau i lawr o'r *winch* i symud y bocs, ond roedd yn amhosib. Mi welais i o'n marw o 'mlaen i, yn dal ei afael yn dynn yn ei forthwyl. Dyna'r tro cyntaf i mi weld neb wedi marw ac mi fûm i reit ddrwg am rhyw ddeuddydd neu dri. I wneud pethau'n waeth, mi fu ei gorff yn gorwedd ar y doc drwy'r dydd a phawb yn cario 'mlaen fel petai dim byd wedi digwydd.

Ar y ffordd adref mi wnaethon ni alw yn Hong Kong a chodi deuddeg teithiwr i fynd yn ôl i Brydain. (Roedd pob llong yn cario rhywfaint o'r rhain.) Ond mi aeth un yn wael ar y ffordd adref a marw. Mi fu'r hogia yn tynnu arna' i wedyn eu bod nhw wedi gweld ei ysbryd yn cerdded o gwmpas. Un noson, pan oeddwn ar *watch* hanner nos tan bedwar ar y *foc'sle head*, roedd hi'n dywyll fel bol buwch. Roedd hon yn cael ei galw'n *graveyard watch*, ac er mai edrych ymlaen i chwilio am longau oedd fy ngwaith i, doeddwn i'n gwneud dim ond syllu'n ôl ar y *porthole* lle'r oedd y boi wedi marw! Roeddwn i'n hanner disgwyl gweld angladd ar y môr ond ei gadw fo yn y rhewgell wnaethon nhw.

Cyrraedd Cape Town wedyn a'r cymylau gwynion fel lliain bwrdd ar y *Table Top Mountain*. Cawsom fynd i'r lan yno ac er ei fod yn lle braf iawn, roedd yn beth od gweld y bobol wynion yn cadw iddyn nhw eu hunain, y du a'r gwyn yn defnyddio bysiau gwahanol a cherdded yr ochr arall i'r stryd.

O'r diwedd, cyrraedd Lerpwl ar y nawfed ar hugain o Ragfyr, 1967, wedi colli Nadolig arall gartref ond roeddwn wedi bod rownd y byd a minnau ond yn 17 oed!

Awstralia

Wedi cyfnod o ychydig fisoedd yn teithio hyd arfordir Prydain, daeth teligram i mi ymuno â'r *Hector*. Llong o Awstralia oedd hon, felly roeddwn yn disgwyl bod i ffwrdd am bedwar mis neu fwy. Cysylltu â Gwyn yn syth i ofyn a oedd yntau wedi cael yr un alwad. 'Naddo,' oedd yr ateb. Roedd o ar long arall. Am y tro cyntaf ers pan oeddem yn bymtheg oed, roeddem yn gwahanu. Roedd yn union fel priodas yn dod i ben, y ddau ohonom wedi bod yn gefn i'n gilydd ers yr holl flynyddoedd. Mi wnaethon ni ffraeo llawer, hyd at daro weithiau, ond wedi mwynhau cwmni ein gilydd drwy bob dim.

I wneud pethau'n waeth, roedd y teligram yn dweud fy mod i i ymuno â'r *Hector* yn y *King George the Fifth Dock*, Glasgow, ac roedd hynny'n golygu teithio ar y trên fy hun bach, taith o bump awr o Lerpwl.

Erbyn cyrraedd, roedd pawb arall ar y llong ac yn barod i fynd ar y cefnfor, a minnau'r tro yma yn rhannu caban efo rhywun diarth. Wrth fynd i mewn, sylwais bod rhywun yn cysgu yn y gwely gwaelod a dyma agor y llenni i ddringo i fyny i'r top. Dychrynais am fy mywyd – roedd rhywun yn fy ngwely i. Merch ifanc oedd hi ac mi wnes i ddychryn go iawn pan ofynnodd hi i mi ddod i mewn ati! Fydda i byth yn licio dweud bod neb yn hyll, ond doedd hon ddim yn bictiwr. Un o 'ferched y nos' oedd hi a 'mhartner newydd oedd wedi dod â hi ar y llong. Ond roeddwn i eisiau fy ngwely, felly roedd yn rhaid cael gwared â hi, a'r unig ateb oedd ei smyglo hi allan. Dyma ei rhoi hi mewn tacsi, taflu planced drosti ac allan drwy'r giât gan weddïo na fydda neb yn ein stopio ni. Tasa hi wedi bod yn bishyn fydda hi ddim cynddrwg, ond doeddwn i ddim am gael fy nal efo hon. Mi gefais gynnig ei phleserau'n rhad ac am ddim, ond gwrthod wnes i.

Bachgen o Lerpwl oedd yn rhannu'r caban efo fi. Chwerthin wnaeth o pan adroddais yr hanes wrtho'r bore wedyn ond doedd hyn ddim yn ddechrau da, a wnes i ddim cymryd ato o gwbl. Mi wnaeth o guddio fy llythyrau un waith. Derbyn llythyr oedd y peth yr oeddem yn edrych ymlaen ato fwyaf ar y môr ac roedd yr hogia eraill yn dweud bod yna tua hanner dwsin i mi. Felly dyma droi arno fo a bygwth mynd â fo allan ar y dec. Er ei holl regi a rhuo, roedd y llythyrau ar y bwrdd pan es yn ôl i'r caban. Calon cyw iâr oedd gan hwn ond roedd yn rhaid byw efo fo. Oeddwn i'n colli fy hen fêt? Oeddwn, yn ofnadwy!

I wneud pethau'n well roedd yna dri Chymro ar y dec, Derek Owen o Lannerch-y-medd, Melfyn Jones o Gaergybi, a Percy o ochrau Aberaeron.

Ar ôl rhyw fis ar y môr, dyma gyrraedd Freemantle. Roedd Perth rhyw siwrnai awr i ffwrdd ar y trên ond doedd dim yfed o gwbl yma o dan un ar hugain oed. Roeddwn i wedi clywed am y *Great Australian Bight*, a'r tywydd mawr oedd i'w gael ym Môr y De, ond fuo hynny fawr o broblem i ni ac mi gyrhaeddom Adeilade yn saff, ac yna Melbourne rhyw dridiau wedyn.

Gofynnodd Percy i mi fynd efo fo i'r capel Cymraeg yn Stryd Latrobe. Dyma gael croeso cynnes gan y Cymry a phawb yn gofyn o ble'r oeddem yn dod. Mi gefais fynd adref am swper efo cwpwl o ochrau Penmachno yn wreiddiol, sef Cyril Platt a'i wraig. Wedyn aros noson yn y tŷ capel efo John a Nancy oedd yn dod o Sir Fôn. (Ymhellach ymlaen mi sgwennais i gân amdanyn nhw, sef 'Awstralia'.) Ar y nos Sul wedyn mi ganais yn y capel Cymraeg a gwneud llawer iawn o ffrindiau.

Roedd criw'r llong yn gwybod fy mod yn canu a chwarae gitâr ac roedd galw mawr amdanaf i'w diddori. Gan fod y bariau yn cau am chwech yno, roedd y merched yn cael eu gwahodd yn ôl i'r llong. Roedd y partïon yn para tan berfeddion nos weithiau a minnau'n cael fy nghodi o 'ngwely i ganu.

Symud ymlaen wedyn i Sydney ac roedd rhai o'r merched wedi aros ar y llong i deithio o gwmpas arfordir Awstralia. O long i long fel hyn yr oedden nhw'n byw. Ymlaen wedyn am Newcastle, a Brisbane a oedd yn un o'r mannau poethaf ar yr arfordir.

Gwnes ffrindiau da iawn ar y fordaith honno, ac rydw i'n dal i gadw cysylltiad â Derek Owen a Melfyn hyd heddiw. Doedd ar Melfyn ddim ofn dim na neb; yn foi i gadw'r ochr iawn iddo. Mi faswn i'n medru dweud dipyn go lew o'i hanes ond mi fyddai hynny'n cymryd llyfr arall!

Ar ddiwedd y daith dyma ddocio yn Llundain ym mis Gorffennaf 1968 a minnau wedi cael fy ngwneud yn *Senior Ordinary Seaman* ar gyflog o ddeugain punt y mis. Roeddwn yn dal i fwynhau ac wedi gwirioni'n lân ar Awstralia. A dweud y gwir, mi fuo bron iawn i mi ymfudo yno ar ôl priodi, ond stori arall ydi honno.

Mi fûm yn teithio arfordir Prydain wedyn am rhyw dri mis a phwy gyrhaeddodd adref un diwrnod ond Gwyn.

'Rhaid i ti ddod efo fi i Awstralia!' medda fi, a dyma fo'n cytuno. Cawsom wybod fod yna waith i ddau fel EDH, neu *Able Bodied Seaman* am £55 y mis. Roedd yr hen bartneriaeth yn ei hôl ac am weld hynny o'r byd ag y medren ni.

Jason

Felly, dyma ymuno â'r *Jason* ym mis Medi 1968, a Gwyn a minnau yr unig Gymry arni. Roedd llongau Awstralia dipyn yn fwy na'r cyffredin a hynny'n golygu bod AB's yn cael caban eu hunain.

Yn hollol wahanol i'r trip cyntaf o gwmpas yr *Australian Bight*, cafwyd storm ofnadwy y tro hwn. Roedd yn rhaid cael rhywun ar y llyw drwy'r amser a'r capten ar ei draed drwy'r nos. Mi gafodd y cychod achub eu malu ac roedd yna ddifrod i'r *bridge*, efo dŵr i fyny at ein pennaugliniau yn yr *alleyways*. Daethom ohoni rhywsut neu'i gilydd. 'Chdi a dy Ostrelia!' medda Gwyn.

Mi gyrhaeddon ni Melbourne o'r diwedd ond roedd plât wedi dod yn rhydd o dan y llong, felly *major repairs* amdani. Dyma'r *Bosun* yn fy rhoi i weithio efo'r deifars a dyna'r gwaith gorau gefais i erioed. Mi fuon ni wrthi am wythnos, y deifars yn weldio o dan y dŵr, a'r unig beth yr oeddwn i'n ei wneud oedd eu halio i fyny pan oedden nhw'n tynnu ar y rhaff.

Erbyn hyn roedd Gwyn a minnau wedi dechrau cymryd glasiad bach ac yn mynd i rhyw le o'r enw *Australia Inn*. Roedd hwn yn lle go 'posh' ond roedd yna fand cabaret yn chwarae yno. Mi ddigwyddom daro ar rhyw dair nyrs ar eu gwyliau o Tasmania a dyma nhw'n ein gwahodd ni yn ôl i'r fflat lle'r oedden nhw'n aros. Yn sydyn, pan oedden ni'n cael rhyw sgwrs fach ddigon diniwed, dyma gnoc ar y drws. Wel, doedden nhw na ni yn adnabod neb yno, a phwy oedd yno ond eu cariadon o Tasmania yn rhoi syrpreis i'r genod. Ond nhw gafodd y syrpreis, yn ein gweld ni yn eistedd yno. Dyma fi'n dweud yn Gymraeg wrth Gwyn mai'r unig ffordd allan oedd inni ddengid, felly pen i lawr ac i mewn iddyn nhw amdani! Roedd y drws yn dal yn agored ac er i ni gael ambell i ddwrn ar y ffordd allan, daethom allan oddi yno efo'n crwyn yn iach a'i g'luo hi am y llong. Roedd yna chwerthin garw wrth ddweud yr hanes wrth y bwrdd brecwast y bore wedyn; roedd pawb â'i stori fach ei hun i'w dweud.

Erbyn hynny roedden ni wedi bod ym Melbourne am fis

ac wedi cael digon o gyfle i weld fy ffrindiau Cymraeg a chael croeso mawr bob tro. Mi wnaethon ni gyfarfod digonedd o bobol oedd wedi ymfudo yno am ddeg punt. Yn anffodus, roedd rhai ohonyn nhw'n difaru ac yn hiraethu am adref ond roedd yn rhaid aros yno am ddwy flynedd. Mi ddaru un neu ddau ofyn i ni eu smyglo nhw'n ôl i Gymru a chynnig pres i ni, ond doedd hynny ddim yn bosib.

Bu Gwyn a minnau yn Awstralia am rhyw ddwy flynedd i gyd, ac ar wahân i'r storm fawr gyntaf, mi wnaethon ni fwynhau bob munud. Ond dod i ben wnaeth y bartneriaeth unwaith eto ac mi gafodd Gwyn long *Elder Dempster* yn mynd am arfordir Affrica ac mi wnes inna dreulio tri mis ar arfordir Prydain unwaith eto.

Roeddwn yn cael cyfnodau i ffwrdd wrth gwrs, a dyma'r hogia yn digwydd sôn un tro bod Beddgelert yn lle da efo'r holl ymwelwyr. Felly dyma fy ffrind Mois a minnau yno am sgowt. Digwyddais daro ar ferch ifanc o'r enw Janet oedd yn gweithio dros yr haf fel derbynnydd yn y *Saracen's Head*. Roedd hi'n ferch smart eithriadol ac ar y pryd, roeddwn wedi gwirioni'n lân. Mi fûm yn ei chanlyn am rhyw dri mis. Ond daeth yr haf a'i thymor gwaith yn y gwesty i ben a daeth yn amser iddi fynd yn ei hôl i Fanceinion. Penderfynais y baswn i'n mynd efo hi. Roedd ei theulu'n bobol neis ofnadwy ond ar ôl bod yno am rhyw wythnos neu ddwy, sylweddolais ei bod yn ferch hollol wahanol ymysg ei phobol ei hun. Yn y diwedd, collais fy nhymer efo hi, pacio fy magiau ac anelu yn ôl am adra. Chlywais i ddim gair ganddi wedyn. Mae pawb yn gwneud camgymeriadau mewn bywyd, a dyna oedd hwnnw. A dweud y gwir, roeddwn yn lwcus fy mod wedi dod allan ohoni'n reit dda.

Bu'r holl fusnes yn chwarae ar fy meddwl am gyfnod a doedd dim i'w wneud ond ffônio Lerpwl a gofyn am long. Cefais le ar long *Elder Dempster* yn Rotterdam, yr *M.S. Fulani*. Roedd hi'n teithio arfordir y cyfandir rhwng Lisbon a Rotterdam, a dyma'r peth agosaf i long 'tramp' i mi fod arni erioed. Wedi hedfan allan i Rotterdam, y peth cyntaf oedd yn fy nisgwyl oedd llygoden fawr ar fy ngwely! Mae'n gas gen i lygod mawr ac roedd y llong yn berwi ohonyn nhw. I wneud pethau'n waeth, dyma'r *Bosun* ata' i a dweud *'We're getting the ship fumigated. You're in charge of the rats!'*. Roedden ni'n gorfod gosod trapiau a'u gwagio nhw gyda'r nos. Mi wnaethon ni agor rhaff newydd un diwrnod ac wrth i ni agor y sach daeth tua hanner cant ohonyn nhw allan a'r rheiny'n gwichian wrth i ni eu sathru ar y dec.

Doedd yna neb bron yn siarad Saesneg ar y llong honno; Sbaenwyr oedden nhw i gyd, a hogyn o Bwllheli, Dil Jones, a minnau yn eu canol yn siarad Cymraeg. Aeth y ddau ohonom i'r lan yn Rotterdam un tro i weld rhyfeddodau'r nos. Roedd lle o'r enw *Five Mark Alley* lle'r oedd merched mewn bicinis yn eistedd yn y ffenestri yn dangos eu cyrff. Hwn oedd ardal y 'golau coch' sydd yno hyd heddiw. Yn y diwedd, aethom i mewn i'r clwb nos gwyllt yma lle'r oedd merched y cabaret yn tynnu amdanyn'. Roedden ni wedi cael diferyn erbyn hyn a dyma benderfynu rhoi help llaw i un o'r genod dynnu ei bra. Aeth hi'n draed moch yn syth a dyma'r bownsars yn rhoi Dil a minnau ar ein penolau yn y lôn.

Pan ddeffrais y bore wedyn, roeddwn yn teimlo ac yn edrych fel un o'r llygod mawr. Ar ôl mis ar y *Fulani*, cefais fy nhalu i ffwrdd ac adref â fi unwaith eto.

Affrica

Wedi cyrraedd adref, pwy oedd yn digwydd bod ar ei wyliau ond yr hen ffrind, Gwyn. Roedden ni wedi bod ar wahân am flwyddyn neu fwy a'r ddau ohonom erbyn hynny yn *Able Seamen*, ac yn ennill cyflog o tua chwe deg punt y mis. Dim ond ugain oed oedden ni o hyd ac yn dal yn benderfynol o deithio'r byd.

'Rhaid i ti ddod efo fi i orllewin Affrica,' medda fo.

Roedd o wedi cael gwaith ar yr *M.V. Degema*, un o longau *Elder Dempster* ac felly i fyny â fi i Lerpwl a chael cynnig trip deufis. Roeddwn i wedi bod ar fordeithiau pedwar mis o'r blaen ac yn meddwl y basa dau fis drosodd mewn dim, a minnau wedi cael gweld arfordir gorllewin Affrica.

Felly dyma hwylio o Lerpwl ar y nawfed o Ionawr, 1970, ond ar ôl bod allan am rhyw ddeuddydd, daeth y neges ein bod ar fordaith o flwyddyn a thri mis rhwng Affrica ac America. Roedden ni'n dau yn lloerig am nad oeddem isio bod i ffwrdd am y ffasiwn amser. Un Cymro arall oedd efo ni, sef Dic o'r Bontnewydd, a dyma drafod neidio'r llong yn

Affrica ond mynnodd Gwyn mai disgwyl tan i ni gyrraedd
New York fyddai orau, a dyna oedd y cynllun.
Doedd y llong honno ddim hanner mor gyfforddus â rhai
y *Blue Funnel*. Rhannu ystafell ar y *poop* yn y tu ôl oedden ni,
heb ddim math o system awyru ac yn teimlo pob symudiad
oedd y llong yn ei wneud. Roedd y coginio yn bur wahanol hefyd. Cyn hyn,
roeddwn wedi cael cogydd *Chinese* a Saesneg ond y tro hwn,
Affricanwyr oedd yn y gali. Y cinio cynta gefais i oedd darn
o gig yn nofio mewn rhywbeth. Pan ofynnais beth oedd o,
'*palm oil chop!*' oedd yr ateb. Erbyn deall, roedden nhw'n
coginio pob dim mewn olew palmwydd ond roedd hi'n
fwyta neu lwgu, a dod i arfer oedd raid.
Ymhen rhyw wythnos, dyma gyrraedd Freetown yn
Sierra Leone. Dyma 'fedd y dyn gwyn' go iawn oherwydd
bod cymaint wedi marw yno efo'r gwres a'r malaria. Roedd
y tywydd yn ofnadwy o boeth a chwyslyd. Un o'r pethau
cynta welson ni oedd hen fachgen mewn het silc yn dod i'n
cyfarch efo cwch bach. Charlie Brown oedd ei enw a'i dric
oedd deifio i nôl y ceiniogau roedden ni'n eu taflu i'r dŵr.
Yn wahanol i'r Dwyrain Pell ac Awstralia, roedden ni'n
cael help llaw ar y dec gan y bobol leol. Roedd tua ugain o'r
rhain, y *crew boys* yn aros efo ni ar y daith o gwmpas arfordir
Affrica ac yn hen hogia hoffus ofnadwy. Roedden nhw wedi
mabwysiadu enwau gan y llongwyr eraill, fel Handy Billy,
Snatch Block a Derrick.
Roedden ni hefyd wedi codi rhyw ddau neu dri chant o
'deithwyr dec'. Byddai'r rhain yn cysgu ar y dec ac yn ôl pob
sôn roedd rhai o'r merched yn dod ar y llong pan oedden
nhw'n barod i eni babi gan fod y cyfleusterau'n llawer gwell.
Roedd mynd i'r lan fel camu'n ôl i'r oes o'r blaen. Doedd
yno ddim bariau, dim ond cytiau mwd efo to sinc yn
gwerthu poteli a phob man yn edrych yn hynod o dlawd.
Ond roeddwn i wedi cymryd at y bobol yn ofnadwy ac yn
dechrau mwynhau'r fordaith. Roedd hon yn llong hapus efo
criw da, a hyd yn oed y swyddogion yn siarad efo ni bob hyn
a hyn ond yn dal i gadw hyd braich, wrth gwrs. Hogyn o
Gaernarfon, Kenyon Ellis, oedd y *third mate* ac yn hen foi
iawn. Doedd fiw i ni gymysgu rhyw lawer efo fo ond
weithiau byddem ar yr un *watch*, ac yn cael cyfle am sgwrs

iawn yn Gymraeg. Mae Kenyon yn dal ar y môr ac yn gapten erbyn hyn.

Bob hyn a hyn byddai'r capten yn rhoi gwahoddiad i bobol bwysig fel y maer lleol i ddod ar y llong am swper ac yn gofyn i mi fynd atynt i ganu. Byddwn yn canu rhyw chwe chân iddyn nhw, a daeth hyn yn beth reit rheolaidd, a'r hogia wrth eu bodd gan eu bod nhw'n cael dod efo fi!

Roeddan ni'n cario olew palmwydd, rwber, coco, tun a choed gan alw yn Ghana a Nigeria, Monrovia, a oedd yn lle Americanaidd, wedyn Abidjan, Tacoradi, a Tema a oedd yn lle eitha modern wedi ei adeiladu gan Brydain. Dyma'r lle cyntaf i ni fynd i'r lan yn iawn ac roedd Gwyn yn gwybod am y gwahanol leoedd gan iddo fod yno o'r blaen.

Felly i ffwrdd â ni, a Dic Bontnewydd efo ni ond mi aeth yn o hegar ar y ddiod feddwol gan ddechrau mwynhau ein hunain yn ormodol, ac mi benderfynwyd ein bod am neidio'r gwch ac aros yn Affrica. Ond y cwrw oedd yn siarad wrth gwrs, hynny a chwmni merched y nos, mae'n siŵr. Mi glywsom y corn yn canu. Roedd y llong yn barod i fynd ac yn disgwyl amdanom, ond roedd yn rhaid iddi fynd ar y llanw. Daeth yr asiant i mewn a dweud bod yn rhaid mynd y munud hwnnw, dyma'r cyfle olaf! Felly dyma wneud penderfyniad – taflu bocs matsys i'r awyr a gadael i'r ffordd yr oedd yn glanio benderfynu ar ein ffawd. Y canlyniad oedd brysio'n ôl i'r llong, diolch i'r drefn, neu yn syth i'r carchar fydden ni wedi mynd. Mi roedd pawb ar y *gunnel* yn ein disgwyl, efo 'hwrê!' a chwerthin mawr bod y 'Taffs' yn ôl. Fel rheol mi fyddai hynny wedi golygu mynd o flaen y capten ond chlywson ni ddim byd, felly dyna ddiwedd ar y peth.

Y porthladdoedd nesaf oedd Lagos ac Apapa a oedd dros y dŵr i'w gilydd, yn debyg iawn i Lerpwl a Phenbedw. Roedden ni yno am ddeg diwrnod ac un pnawn dyma berchennog y *Top Hat Club* yn Lagos i mewn i'r *mess room* i chwilio am gwsmeriaid. Roedd y gitâr allan gen i yn cael *sing-song* ac mi eisteddodd efo ni am ychydig. Dyma fo'n cynnig 'spot' i mi yn y clwb ac mi gytunais yn syth. Y cyflog oedd cael bob dim am ddim, ac mi fûm yn canu yno efo grŵp mawr Affricanaidd yn chwarae sacsoffon, bongos a gitârs. Canu caneuon y cyfnod oedden ni ac yn cael derbyniad reit dda. Wedyn mi gefais gynnig chwarae mewn clwb poblogaidd arall, y 22 *Club*.

Un diwrnod, daeth rhyw foi ar y llong efo mwnci. *Banana Monkey* neu *Spider Monkey* oedd o a dyma Gwyn yn ei brynu am ddau gant o sigaréts. Dyna'r peth gwaetha wnaeth o! Roedd y mwnci yn baeddu ac yn gwneud ei fusnes ym mhob man yn y caban. Doedden ni ddim yn cael eiliad o gwsg. Os oedden ni'n darfod *watch* tua pedwar yn y bore, mi fyddai Jaco yn dod ac yn chwilio am chwain yn ein pennau. Doedd dim llonydd i'w gael. Mi wnaeth o fwyta sigaréts unwaith a dyna i chi drafferth oedd trio cael y rheiny allan o'i geg, a hwnnw'n sgrechian dros bob man. Mi fuo bron i'r capten gael ffit pan welodd o fwnci yn y caban pan ddaeth draw i wneud archwiliad. Roedd yn rhaid cael gwared ag o, a dyma benderfynu ei roi yn ôl i'r un boi ar y ffordd yn ôl!

I fyny â ni wedyn am y *Creeks*. Roedd hynny'n golygu mynd i ganol y goedwig a chael peilot arbennig oedd yn adnabod yr afon yn dda. Weithiau, os oedd yr afon yn rhy gul, roedd o'n taro cefn y gwch yn y gwaelod a honno'n troi yn union lle'r oedd o isio. Roedd y peth yn anhygoel. Ar ôl tua dau ddiwrnod o gael ein bwyta'n fyw gan y mosgitos, dyma gyrraedd lle o'r enw Sapele. Roedd yno ffatri goed fawr a minnau'n cofio defnyddio'r coedyn hwnnw yn y gwersi gwaith coed yn yr ysgol.

Penderfynwyd ei bod yn amser peintio ochr y llong a'r tri Chymro gafodd y gwaith. Dyma osod pontŵn ar y dŵr a gweithio oddi ar honno, Dic ar y pontŵn a Gwyn a finna ar y cei. Wrth i ni baratoi a chael y paent yn barod, mi heliodd Dic fi i wneud yn siŵr nad oedd neb yn defnyddio'r toiled, gan ei fod yn peintio reit oddi tano. Wrth i mi gerdded i fyny'r *gangway*, dyma glywed y gweiddi a rhegi mwya' ofnadwy. Roedd hi'n rhy hwyr! Pan edrychais dros yr ochr roedd Dic druan yn cyfogi, a chynnwys y toiled drosto i gyd.

'Ydach chi'n iawn, Dic?' meddwn i. Fedra i ddim ailadrodd beth oedd ei ateb o!

Roeddwn i ar fy mol ar lawr yn chwerthin a rhoi fy mhen dros yr ochr bob hyn a hyn, a Gwyn yn gwneud ei orau i'w gysuro. Doedd dim byd arall amdani, roedd yn rhaid i'r hen Dic ddeifio dros ei ben i'r dŵr. Gwyn a minnau orffennodd y peintio ond dim ond wedi i ni sicrhau nad oedd neb yn mynd yn agos i'r tŷ bach!

Mae Dic wedi marw erbyn hyn ond mae gen i atgofion melys amdano. Roedd o'n foi iawn ac yn ffrind da i Gwyn a minnau.

Roedd y criw o Affricanwyr yn ofergoelus iawn a byth a beunydd yn bygwth rhoi 'jw-jw' neu ysbryd drwg arnoch chi os oedden nhw'n cael eu pryfocio. Dyn o'r enw Tommy Morris oedd y *Bosun* ac roedd o wrthi'n tynnu arnyn nhw ar y cei un diwrnod ac yn mynnu bod ei 'jw-jw' fo yn gryfach. Yn sydyn, dyma fo'n tynnu ei ddannedd gosod o'i geg. Doedden nhw erioed wedi gweld y fath beth a dyna i chi olygfa oedd gweld Tommy yn rhedeg ar eu holau efo'i ddannedd yn ei law. Chlywsoch chi erioed y ffasiwn weiddi. Roedd rhyw hwyl diniwed felly yn digwydd drwy'r amser.

Ymlaen â ni wedyn yn ddyfnach i'r *Creeks* a chyrraedd lle o'r enw Warri. Yma roedd y merched yn dod allan o'r goedwig ac at y llong mewn cychod wedi eu naddu o bren. Doedd ganddyn nhw fawr ddim amdanynt, dim ond cadach, ac fel hyn yr oedden nhw'n naturiol gan ei bod mor boeth. Roedden ninnau wedyn yn taflu sebon neu fflip-fflops neu unrhyw beth oedd gennym ni i lawr atyn nhw.

Erbyn hyn, roedden ni wedi bod ar y fordaith am chwe wythnos, a dyma gyrraedd lle o'r enw Dwala yn y French Cameroons. Wedyn, mi fu'n rhaid i ni angori am bron iawn i fis yn disgwyl *berth* i fynd i mewn i Zaire, ac yna Lwanda a Lobito yn Angola. Roedd gen i flwyddyn ar ôl o redeg rhwng Affrica ac America.

New York, New York!

Roedd hi'n daith o rhyw naw diwrnod i groesi'r Atlantig a chyrraedd dwyrain America. Roedd hyn yn rhoi amser i ni lanhau'r llong o'r top i'r gwaelod ar ôl yr holl lwytho cargo. Golygai hynny fod yr oriau mawr a'r codi am hanner awr wedi pump wedi darfod; dechrau am wyth oedden ni rŵan. O'r diwedd, dyma ni'n cyrraedd porthladd Jacksonville ond doedd fy mhrofiad cyntaf o wlad fawr America ddim yn un pleserus. Roeddwn i newydd fynd i gysgu ar ôl bod ar y *watch* deuddeg tan bedwar pan gefais alwad i'r *mess room*. Meddyg oedd yno'n disgwyl amdanaf a dyma fo'n gofyn yn blwmp ac yn blaen a oedd gen i *V.D.* Pan ddywedais i 'Na' dyma fo'n dweud wrtha i ollwng fy nhrowsus, gafael yn hynny oedd gen i a'i gwasgu! 'Diolch yn fawr iawn,' medda fi ac yn ôl i 'ngwely. Roeddwn i mor gysglyd, roedd pob dim fel breuddwyd a finna'n meddwl tybed ai fel hyn oedden nhw'n croesawu pawb i'r Unol Daleithiau! Ond erbyn meddwl, roedd y peth yn reit ddifrifol achos doedd neb a gariai'r clefyd yn cael gadael y llong tra oedden nhw yn America.

Ar ôl docio cyrhaeddodd y *customs*. Roedd hyn oherwydd ein bod ni wedi dod o Affrica a gâi ei ystyried yn lle drwg am gyffuriau. Rhaid i mi ddweud na welais i erioed gyffuriau, dim ond digon o ddiod a nifer o'r llongwyr efo problemau yfed.

Dipyn bach o bob dim oedd y cargo hwn, pethau fel camerâu *Polaroid* efo'r llun yn barod mewn munud. Wrth gwrs, roedd yn rhaid i ni gael gafael ar un o'r rhain i dynnu lluniau'n gilydd. Mae llun neu ddau gen i o hyd.

Symud ymlaen wedyn i fyny'r arfordir i Norfolk, Virginia, a chael mynd i'r lan am y tro cyntaf. Roedd yn lle da i brynu crysau *lymbyrjac* yn barod ar gyfer y tywydd oer oedd o'n blaenau. Roedd canu gwlad ym mhob man a 'niddordeb innau'n tyfu. Roedd o i'w glywed ar bob sianel ar y radio a phob math o recordiau ar werth. Ond y peth mwyaf oedd gweld y bobol wedi'u gwisgo fel cowbois, yn union fel yr oeddwn i wedi ei weld yn y pictiwrs ac ar y teledu pan oeddwn yn blentyn.

Roedden ni'n dechrau mwynhau America ac ymlaen â ni wedyn i fyny'r afon am Washington a Baltimore. Dwi'n cofio fy nhwrn i ar yr olwyn a'r capten yn holi'r peilot am rhyw le a hwnnw'n ateb 'Delaware'. Roedd yna gân enwog am Delaware ar y pryd a minnau'n methu credu fy mod i yno! Roedd yn rhaid gwrando'n ofalus ar y peilot efo'i '*Starboard Five*', '*Midships*', '*Hard to Port*' ac yn y blaen, ac ailadrodd bob dim oedd o'n ei ddweud. Mae hynny wedi aros efo fi yn y gwaith rydw i'n ei wneud hyd heddiw. Ar ôl cael ordors, ei ailadrodd i wneud yn siŵr ei fod yn iawn! Dyma gyrraedd rhyw borthladd na fedra i yn fy myw gofio ei enw ond ni oedd y llong gyntaf yno ers nifer o flynyddoedd. Roedd y maer a'r dref i gyd yno i'n cyfarfod, a'r papurau newydd yn tynnu ein lluniau ond doedd dim docars yno, felly dyma ofyn i ni wneud y gwaith o fod ar y *winch* yn llwytho a dadlwytho. Myfyrwyr o'r coleg oedd i wneud y gwaith i lawr yr *hatch*, ac un ohonom ni yn cadw llygad. Wrth gwrs, doedd ganddyn nhw ddim syniad ond mi gawson ni filoedd o hwyl yn trio eu dysgu. Roedden nhw wedi gwirioni clywed ein hacen ni, fel yr ydym ni yn hoff o glywed acen America, mae'n siŵr. Roedd hi'n '*Gee man!*' bob munud, a hwythau'n methu coelio ein bod ni wedi bod rownd y byd. Fel yr oedden ni'n gadael, roedd y baneri i fyny a'r band yn chwarae, a ninnau'n teimlo braidd yn ddigalon yn gadael am Baltimore ond mi gawsom arian da gan y llywodraeth am ein gwaith, oddeutu dri deg punt y dydd, a hynny pan oedd ein cyflog mis yn wyth deg punt.

Wedi cyrraedd Baltimore dyma glywed bod y swyddogion wedi trefnu parti ac wedi gwahodd nifer o nyrsus i lawr i'r llong. Roedden nhw'n cael gwneud hyn, ond doedden ni ddim, wrth gwrs. Allan ar y dec yr oedden ni, yn cael can o gwrw a minnau'n chwarae'r gitâr a chanu. Dyma yna ddwy ferch ifanc allan o'r parti i gael awyr iach ac ymuno efo ni i ganu a rhoi'r byd yn ei le. Roedd fy mêt, Bert Maguire, wedi ffansïo un ohonyn nhw a minnau'r llall, felly dyma drefnu i'w cyfarfod y diwrnod wedyn. Roedd yr un oedd Bert yn ei gweld o dras Indiaid Sioux ac yn ferch dlos ofnadwy. Merch â gwallt melyn o'r enw Deborah oedd f'un i ac oherwydd ein bod ni yn Baltimore am wythnos, buom efo'n gilydd bob dydd. Unwaith eto, roeddwn i wedi gwirioni! Gofynnodd i mi aros yno i weithio i'w thad a oedd yn rhedeg cwmni o ddeuddeg o longau pysgota ond wedi pendroni, gwrthod neidio'r llong wnes i. Mi fyddai peidio mynd adref yn dric sâl i'w wneud â'm teulu, ond addewais fynd yn ôl rhyw ddiwrnod a byw yn Canada. Cefais y diwrnod olaf i ffwrdd gan y *Bosun* i ddweud ffarwél, a dwi'n ei chofio yn sefyll ar y cei yn gweld y llong yn gadael. Ond chefais i byth long arall i Baltimore. Bûm yn sgwennu ati am flynyddoedd ond penderfynu peidio mynd allan yn ôl wnes i. Doedd hynny eto ddim i fod, mae'n rhaid.

Mi ddywedodd Anti Katie wrtha' i unwaith ei bod yn hawdd cael dynes ond yn anodd cael gwraig, ac mae'r peth wedi aros efo fi byth. Wedi ei glywed mewn pregeth, medda hi.

I lawr yr afon â ni a chyrraedd Philadelphia. Aeth Gwyn a fi am dro un pnawn dydd Sul o gwmpas y lle. Roedden ni wrthi yn sylwi ar y tai pren a'r ceir mawr crand y tu allan pan ddaeth rhywun atom a dweud ein bod wedi crwydro i mewn i'r ardal ddu ac i ni ei g'luo hi oddi yno os oedden ni am aros yn fyw. Yn sydyn, dyma blismon yn stopio i ofyn pwy oedden ni a'n hel ni i gefn y car er ein diogelwch ein hunain. Roedden ni wedi gwirioni!

Mynd am dro wedyn i brynu crys a cherdded o'r siop reit i ganol lladrad banc oedd yn digwydd dros y ffordd, a phlismyn efo gynnau yn gweiddi arnom i gadw ein pennau i lawr. Rhedeg yn ôl i'r siop ddillad wnaethon ni, a fan'no fuon ni nes bod bob dim drosodd. Lle felly oedd Philadelphia.

Llwytho dillad i'w cario mewn bagia 'rag' yn ôl i Biafra yn Affrica oedden ni yno ond mi gawsom afael arnyn nhw a gweld eu bod yn ddillad da. Mi ddywedodd y capten un diwrnod nad oedd o erioed wedi gweld y criw yn edrych mor smart. Doedd o fawr o feddwl mai dillad o'r *hatch* oedden nhw!

Ymlaen â ni am Efrog Newydd ac unwaith eto cefais gyfle ar yr olwyn i fynd â'r llong heibio i'r *Statue of Liberty* a docio yn Brooklyn. Cawsom ein rhybuddio yno i beidio cerdded ar ein pen ein hunain drwy Brooklyn, dim ond fesul pedwar. Y ffordd orau oedd defnyddio tacsi.

Penderfynodd Gwyn, Kenyon Ellis a minnau fynd am

dro rownd y ddinas. Roedd yn rhaid i Kenyon ein cyfarfod y tu ôl i rhyw sied ar y cei rhag i'r capten ei weld. Doedd y *third mate* ddim i fod i gymysgu efo ni. Dyma gael tacsi drwy Brooklyn, yna'r *subway* i Coney Island lle'r oedd y ffair fwyaf yn y byd. Ymlaen â ni i Greenwich Village a minnau'n cario tedi bêr mawr yr oeddwn wedi ei ennill yn y ffair. Roedd bar Gwyddelig yn fan'no yn gwerthu cwrw mewn jygiau; prynu tri a chael y pedwerydd am ddim! Erbyn diwedd y noson roeddwn i a'r tedi bêr yn cysgu o dan y bwrdd. Deffrais y bore wedyn yn sâl fel ci.

Ond rhaid i mi ddweud bod Efrog Newydd yn lle arbennig iawn. Roedd cael teithio'r ddinas a gweld lleoedd fel Broadway yn brofiad, a'r enwog 42nd Street. Roeddwn i'n croesi'r ffordd yn fan'no pan ddaeth plismon ata' i a thynnu ei lyfr o'i boced. Roedd o am fy mwcio am groesi pan oedd y golau coch yn fflachio, sef *jaywalking*. Mi wnes i geisio egluro nad oeddwn i erioed wedi gweld y fath beth yng Nghymru fach a chwarae teg iddo, dyma fo'n ysgwyd fy llaw yn y diwedd a dweud *'Have a nice day!'*.

Wedi gadael Efrog Newydd, i fyny â ni am Boston am rhyw dridiau ac yna ymlaen am Halifax yn Nova Scotia lle'r oedd y tywydd yn oer a'r crysau lymbyrjac yn handi. Roedd hi mor oer nes bod poeri yn rhewi ar y llawr yn syth; ond er ei bod yn oer, roedd hi'n sych. Ar ôl wythnos yn Halifax roedden ni'n barod i hwylio'n ôl am Affrica ar draws yr Atlantig. Erbyn hynny roedden ni wedi bod yn teithio am dri mis a hanner ac yn methu credu y byddem i ffwrdd am flwyddyn gyfa.

Yn ôl â ni felly a chyrraedd Lagos, Nigeria. Ailafael yn y canu am gyfnod yn y *Top Hat Club* a phawb yn falch o'n gweld. Wedyn porthladdoedd Tema a Takoradi ac yn ôl i fyny'r *Creeks* i'r gwres annioddefol. Unwaith eto, cael ein bwyta'n fyw gan y mosgitos ac yn y diwedd dyma rhyw wyth ohonom yn dechrau teimlo'n sâl. Wedi cael malaria oedden ni ac yn taflu i fyny a chwysu a theimlo'n oer bob yn ail. Aethom i'r ysbyty yn Sapele lle y cawsom frechiad a'n hel yn ôl i'r llong. Roedden ni i gyd yn sâl ond ambell un yn waeth na'r llall. Mi fûm i yn fy ngwely am wythnos cyn dod ataf fy hun ond roeddwn yn wan fel cath. Er i'r salwch adael ei ôl, roedd yn rhaid cario 'mlaen efo'r gwaith dyddiol ond wrth lwc, roedd y criw yn hen hogia iawn a'r bwyd yn dda. Buom o gwmpas Affrica am tua deufis y tro hwn, cyn ei throi hi unwaith eto ar draws yr Atlantig. Cefais ddathlu fy mhen-blwydd yn un ar hugain oed yn Boston. Roeddem wedi bod ar y daith am saith mis a hanner pan ddaeth y cynnig annisgwyl inni gael ein talu i ffwrdd yn Efrog Newydd a dyna wnaethon ni, ar Orffennaf y 14eg, 1970. Y drefn bryd hynny oedd bod y cwmni yn gorfod talu i'ch hedfan chi adref os oeddech chi wedi bod i ffwrdd am chwe mis. Daeth *Cadillac* mawr gwyn i'n nôl ni o'r llong yn Brooklyn a mynd â ni mewn steil o gwmpas Efrog Newydd ac i faes awyr Kennedy. Roedd hon wedi bod yn fordaith fythgofiadwy, ond roeddwn i'n edrych ymlaen am gael mynd adra.

Yn ôl am Affrica

Wedi mis o seibiant, daeth teligram i ymuno â llong o'r enw *Onitsha* a'i throi hi am y Dwyrain Pell unwaith eto. Mi wnes i ddwy daith ar y llong honno, tua naw mis i gyd, gan ymweld â'r un porthladdoedd yn Hong Kong a Japan.

Erbyn hyn roeddwn wedi dechrau dod yn eitha adnabyddus fel tipyn o ganwr ac yn cael gwahoddiad o bryd i'w gilydd i ganu yn yr *officers mess*, yn enwedig os oedd y capten yn derbyn pobol ddiarth ar y llong ac wrth gwrs, roedd yn rhaid canu yn y *Paradise Bar* yn Singapore hefyd. Tra oedden ni yn Kobe, Japan, dyma glywed bod Sean Connery yno'n ffilmio un o anturiaethau James Bond. Buom yn ddigon lwcus i'w gweld nhw'n mynd drwy eu pethau ar y dociau a'r hofrenyddion yn hedfan uwchben.

Ar ôl gorffen ar yr *Onitsha*, symud i'r *Eleanor* a theithio arfordir Prydain am fis. Os oeddech chi wedi bod ar y môr mawr am gyfnod, roedd y cwmni yn ddigon bodlon i chi fynd ar yr arfordir am dipyn. Roedd hyn yn dipyn caletach gwaith. Gweithio o wyth y bore tan ddeg y nos weithiau, yn glanhau'r *hatches* yn barod i weithio cargo.

Ym mis Mawrth 1971 cefais wahoddiad i fynd yn ôl i Affrica. Roedden nhw wedi fy sicrhau yn swyddfa *India Buildings* ei fod o'n drip da. Dyna ddywedon nhw pan oedden ni i ffwrdd am saith mis a hanner hefyd. Ond y tro yma roedden nhw'n iawn. *Mail boat* o'r enw *Fourah Bay* oedd hi. Llong *Elder Dempster* eto ond un o'r rhai mwyaf cyfforddus y bûm i arni a minnau'n cael ystafell gyda system awyru i mi fy hun.

Roeddwn yn ddwy ar hugain oed erbyn hyn ac yn ennill wyth deg punt y mis, yn mwynhau bob munud ar y môr ac yn poeni am ddim na neb.

Y prif borthladdoedd yn Affrica oedd Freetown, Monrovia, Lagos, Apapa, Tema a Takoradi. Yn fan'no y gwnes i brynu parot *African grey* am ddwy bunt a chweugain. Roeddwn i'n meddwl y byd ohono. Mi fu'n ffrind i mi a'r teulu am dros dri deg o flynyddoedd a bron iawn yn medru sgwrsio efo ni. Maen nhw'n dweud bod parot yn medru byw am tua wyth deg o flynyddoedd ond yn

81

anffodus mi fu hwn farw yn ddiweddar iawn, a phrofiad reit od oedd gwerthu'r caets ar raglen Jonsi. Dwy bunt a chweugain dalais i amdano a phob tro yr oedd yr hogia yn pasio'r caban, roedden nhw'n rhoi eu pennau i mewn i drio ei gael o i regi neu i ddefnyddio 'geiriau hyll' fel roedd Anti Katie yn ei ddweud!

Roedd mynd i'r lan yn Tema fel mynd yn ôl flynyddoedd mewn amser. Aeth criw ohonom i'r pictiwrs un noson efo rhyw ferched yr oedden ni wedi'u cyfarfod ar dripiau cynt. Roedd hyn allan yn y wlad mewn lle fel neuadd bentref, a dim ond rhyw bedwar dyn gwyn oedd yno a phawb yn edrych arnom ni. Pan ddechreuodd y ffilm, roedd pawb ar eu traed wedi cynhyrfu'n lân ac yn gweiddi ar y sgrîn bob tro yr oedd yr arwr mewn perygl.

Ond roedden nhw'n bobol annwyl ofnadwy. Roeddwn i wedi cael amser rhy dda un noson a dyma ddeffro y bore wedyn mewn cwt mwd yn y goedwig a meddwl sut aflwydd y gwnes i gyrraedd fan'no. Roedd rhyw deulu wedi 'ngweld i'n cerdded at y llong ac wedi fy nghymryd i mewn tan y bore rhag ofn i rywbeth ddigwydd i mi. Mae rhywun yn dychryn wrth edrych yn ôl a meddwl am yr holl bethau fasa wedi gallu digwydd i ni ar adegau felly. Ifanc a ffôl, mae'n siŵr!

Roedd y porthladd olaf ar arfordir gorllewin Affrica yn lle drwg am *stowaways*. Mae'n rhaid bod y mêt wedi amau rhywbeth, achos mi ges i orchymyn i chwilio i lawr yr *hatch*, rhag ofn. Roedd y lle yn dywyll fel bol buwch ac yn drewi yn y modd mwyaf ofnadwy. Mi welais ddau lygad gwyn yng nghanol y tywyllwch – dyma'r *stowaway* cynta i mi ei weld. Roedd y creadur wedi bod yno am ddyddiau yn byw ar goconyts ac yn yfed y llefrith. Dyna oedd achos y drewdod! Mi ddaeth allan yn ddistaw heb fawr o lol ac oherwydd ein bod wedi gadael yr arfordir roedd rhaid ei gadw ar y llong. A dweud y gwir, roedd gen i biti drosto ond wedi dweud hynny, efallai fy mod i wedi achub ei fywyd. Mi gafodd bob joban fudr oedd yn mynd ar y llong, fel glanhau o dan y *winches*, neu'r *banjo jobs* fel yr oedd yr hogia yn eu galw nhw. Pan wnaethon ni ddocio yn Lerpwl roedd yn rhaid ei gloi yn y *focs'le head* yn barod i'r awdurdodau ei nôl o a phenderfynu beth i wneud efo fo. Yn syth i'r carchar aeth y creadur.

Ac fel yr addawodd Capten Eda yn Lerpwl, roeddwn yn ôl ymhen y mis. Medrwch ddychmygu'r holl sylw gefais i yn teithio ar y trên efo'r parot ond mi gawsom groeso mawr ein dau yn Waunfawr a buan iawn y daeth o i ddechrau siarad. Wrth mai cadw siop oedden ni, roedd o'n dysgu rhai geiriau megis 'Siop!', 'Miss Robaij!' neu 'Iŵ Hŵ' a 'Katie!' Fe ddaeth y parot yn adnabyddus iawn.

Bob *leave* yn ystod y cyfnod hwn mi fyddwn i'n mynd i lawr i'r Felinheli i edrych am fy chwaer, Betty, a'i gŵr, Glyn. Cadw siop groser oedden nhw ac yn dal i fod yno hyd heddiw. Roedd clwb *Conservative* y Felin yn boblogaidd iawn bryd hynny ac yn cynnal nosweithiau difyr efo ambell un yn mynd i fyny i ganu efo'r organ a'r drymiau. Gyda llaw, dyma un o'r lleoedd cynta i Tony, o Tony ac Aloma, ganu ar ei ben ei hun.

Roedd rhyw bedair neu bump o ferched yn eistedd wrth fwrdd yr ochr arall i'r ystafell, a tharodd un fy llygad yn arbennig. Roedd hi'n gwisgo trowsus bach du a chrys pinc a oedd yn ffasiynol ar y pryd, efo gwallt hir du yn dod i lawr at waelod ei chefn, a llygaid glas. Wedi holi fy chwaer, cefais wybod mai Barbara oedd ei henw a'i bod yn byw yn y Wern. Yr wythnos wedyn roedd yn rhaid mynd i'r *Regatta* enwog yn y Felinheli, a phwy welais yn eistedd ar lan y môr ond Barbara. Mi fentrais innau yn nes at yr achos, a dyma fy chwaer yn fy nghyflwyno iddi fel ei brawd oedd ar y môr. Roeddwn i'n mynd yn ôl y diwrnod wedyn am fis ar y *Fourah Bay*, felly fedrwn i wneud dim byd. Ar y pryd, mae'n debyg bod Barbara wedi meddwl nad oedd gen i ddiddordeb o gwbl ynddi, ond am y mis wedyn roeddwn yn meddwl amdani ac yn benderfynol o ofyn iddi fynd allan efo fi.

Dau o hogia Cymraeg oedd efo Gwyn a minna ar y trip hwnnw, sef Ronnie Bach o Sarn, Pen Llŷn, a Michael Williams o Fangor. Mae Ronnie yn dal i gadw cysylltiad o hyd, a Michael erbyn hyn yn byw yn Seland Newydd. Fedrwn i ddim disgwyl i gael cyrraedd adref ac yn mwydro Gwyn am y ferch roeddwn i wedi ei chyfarfod. 'Dyma ni eto!' medda hwnnw.

Mi gyrhaeddais yn ôl i Lerpwl ym mis Mehefin 1971 a dyma fynd draw i'r Felinheli yn syth i weld fy chwaer.

Roedd Barbara wedi bod yn holi amdana' i! Erbyn hynny, roeddwn wedi pasio fy mhrawf gyrru, felly i ffwrdd â fi i'r Wern yn yr *Hillman Minx* i edrych amdani. Wedyn dyma ddechrau gweld ein gilydd bob nos Sadwrn a 'nos Sadwrn bach', sef nos Fercher. Dawnsfeydd y *Winter Gardens* a Gwaith Peblig oedd y lle i fynd yr adeg hynny. Roedd pethau'n mynd yn dda, ar wahân i un digwyddiad anffodus, a hynny'r noson cyn i mi fynd yn ôl i'r môr.

Roedd Barbara a minnau'n eistedd yn nhŷ fy modryb pan ddaeth cnoc ar y drws. Dwy ferch ifanc oedd yno. Roedden nhw'n aros yn y Plas ar eu gwyliau ac yn rhy ofnus i gerdded i lawr yno ar eu pennau eu hunain yn y tywyllwch. Dyma finnau fel Samariad Trugarog yn cynnig mynd â nhw yn y car ond wrth i mi stopio ar y ffordd i agor giât, dyma gnoc ar y ffenest a rhyw wyneb mawr yn gweiddi arnaf. Dyma fo'n dechrau hefru mai fi oedd yn cael affêr efo'i wraig o ac i wneud pethau'n waeth, dyma gŵr y llall i'r ffenest arall.

Erbyn hyn, roedd y merched yn sgrechian a minnau'n gweld bod yn rhaid gwneud rhywbeth cyn cael hanner fy lladd. Agorais ddrws y car yn sydyn a tharo'r cyntaf yn ei dalcen. Syrthiodd yn glewt fel sachaid o datws. Rhywsut neu'i gilydd mi ddois allan o hynny eto yn o lew, er i mi fynd adref yn waed i gyd i ddweud yr hanes.

Daeth Mr Thomas, y plismon lleol, acw o fewn hanner awr i ddweud bod y ddau wedi bod yn y stesion yn fy riportio i. Roedd gan un glamp o lygad ddu ond oherwydd ei bod hi'n ddau yn erbyn un, doedd o ddim am fynd â'r peth ymhellach. Dim ond dweud 'Da iawn chdi!' a rhoi winc arna' i. Mae'n debyg bod y merched wedi bod draw yn ymddiheuro ond roeddwn i wedi hen fynd. Mae rhywun yn gallu bod yn rhy gymwynasgar er ei les ei hun weithiau!

Felly, dyma ymuno â'r *Hector* ar arfordir Prydain. Roedd hyn yng nghyfnod y trafferthion mawr yng Ngogledd Iwerddon ac roeddem ni'n gallu gweld y bomiau yn ffrwydro yn Belfast. Mi wnes i bicio i'r ciosg i ffônio un noson, a dyma'r tanc mawr yma yn stopio y tu allan ac anelu'r gwn ataf. Clywias lais yn gweiddi *'Identify yourself'* a dyma roi fy mreichiau yn yr awyr yn syth a dweud mai llongwr oeddwn i.

Y noson honno, a minnau ar *watch* yn hanner cysgu,

daeth rhywun i mewn i'r *mess room*. Neidiais a rhedeg ar ei ôl ond fedrais i mo'i ddal o, a diolch am hynny. Pan riportiais hyn i'r capten yn y bore mi wnaeth o fy rhybuddio fod yn rhaid i mi ddeffro rhywun os oedd hyn yn digwydd eto a 'mod i'n lwcus na chefais i fy saethu, ond rhywbeth ddaru ddigwydd heb feddwl oedd o.

Wedi cyfnod byr arall ar y *Patroclus*, cefais ordors i ymuno â'r *Jason* i fyny yn Glasgow ond ar ôl dau ddiwrnod arni mi gefais fy nharo'n sâl. Roeddwn yn chwysu a thaflu i fyny bob yn ail a'r meddyg yn amau bod y malaria wedi ailgydio. Felly, dod adref oedd raid. Roeddwn yn teimlo'n ofnadwy ac yn wan fel cath.

Erbyn hyn, roedd Barbara a minnau'n gweld ein gilydd bron bob dydd. Roeddwn wedi bod â hi i gyfarfod Anti Katie, wrth reswm, a hithau wedi plesio'n arw. Dwi'n meddwl bod ei thad a'i mam hithau'n ddigon bodlon arna' i, yn enwedig gan fy mod ar y môr. Roedd ei thad wedi bod yn y Gwarchodlu Cymreig ac yn ddyn mawr smart, ac yn ôl pob golwg roedd Katie, ei mam, a'r plant Haydn, Moira, ac ymhellach ymlaen Ian, wedi cymryd ataf.

Cefais fod adref am fis pan ddaeth teligram i fynd yn ôl ar y cefnfor a doedd fiw gwrthod. Doeddwn i ddim eisiau gadael Barbara ond roedd yn rhaid ei throi hi am y Dwyrain Pell unwaith eto, a hynny am bedwar mis a hanner.

Cân Barbara Ann

Fe'th welais yn y pentref,
Ond ifanc oeddet ti,
Ar ddiwrnod y *regatta*
Yn ôl yn saith deg tri.
Roedd dy ddillad braidd yn gwta,
Dy wallt at dy ben ôl,
Syllais ar dy lygaid glas,
Rhaid oedd troi yn ôl.

Cytgan:
Barbara Ann, O Barbara Ann,
Addewais i dy dad a'th fam
Na chei di byth ddim cam,

Barbara Ann, O Barbara Ann,
Rwyt ti wedi bod yn ffyddlon,
Wedi bod yn driw,
Dros yr holl flynyddoedd,
Gwneud bywyd yn werth ei fyw.

Ar ôl yr holl flynyddoedd
Gyda'n gilydd nawr,
Mae'r plant wedi mynd a'n gadael,
Wedi tyfu'n fawr,
Gobeithio y cawn ni gariad,
Hefo'n gilydd i dyfu'n hen,
A chael plant i'n galw'n daid a nain
Ddaw â chwerthin iach a gwên.

Cytgan:
Barbara Ann, O Barbara Ann,
Addewais i dy dad a'th fam
Na chei di byth ddim cam,
Barbara Ann, O Barbara Ann,
Rwyt ti wedi bod yn ffyddlon,
Wedi bod yn driw,
Dros yr holl flynyddoedd,
Gwneud bywyd yn werth ei fyw.

Geiriau: Dylan Parry
Alaw: Dylan a Bob Galvin

Ychydig a wyddwn i ar y pryd mai honno fyddai fy nhaith olaf ar y môr. Ymunais â'r *Menelaus* fel AB yn Nhachwedd 1971 ar gyflog o £84.00 y mis a minnau erbyn hynny yn dair ar hugain oed. Roeddwn wedi bod ar y *Menelaus* o'r blaen, fel *deck boy*, ond y tro hwn roedd gen i fordaith o bedwar mis o fy mlaen. Yr un oedd y drefn eto, tywydd garw ym Mae Biscay ac yna anelu am Indonesia a Java.

Wedi cyfnod ar y môr a phawb yn edrych ymlaen am gael derbyn newyddion o adra, mi gefais glamp o fraw pan agorais lythyr gan Barbara. Roedd hi wedi ysgrifennu ataf i ddweud ei bod yn disgwyl babi!

Doedd gen i ddim syniad beth i'w wneud, felly dyma

fynd i weld y *chief officer* i ddweud yr hanes. *Outward bound* oedden ni, a dyma ofyn fyddai'n bosib cael hedfan adref o Singapore neu Hong Kong. Roeddwn i wedi dychryn gymaint, mi gafodd Gwyn fyd garw efo fi.

Yn fuan wedyn roeddwn i ar yr olwyn yn dod â'r llong i mewn i Singapore a'r capten yn sefyll wrth fy ochr. Doedd y capten byth bron yn torri gair efo'r llongwyr cyffredin ond ar ganol ei *Starboard five* a'i *'Steadier she goes'*, dyma fo'n troi ata' i a dweud ei fod o'n deall bod gen i broblem fach adra. *'Yessir,'* meddwn inna'. Ac yna, dyma fo'n dweud bod yr un peth wedi digwydd iddo yntau ddeg mlynedd ar hugain ynghynt. Mi gafodd sgwrs hir efo fi a 'ngwneud i deimlo'n well, chwarae teg iddo. Ei gyngor i mi oedd aros ar y llong a gwneud hynny fedrwn i o oriau oherwydd mi fyddwn i angen y pres. Felly mi anfonais deligram adref yn dweud fy mod am aros i orffen y fordaith, cyfnod o dri mis arall. Roeddwn yn teimlo'n ofnadwy yn gadael i Barbara ddweud wrth y teulu i gyd.

Ond fe ddaeth y fordaith i ben o'r diwedd. Dyma gyrraedd Lerpwl a gweld bod fy nhad a Glyn, fy mrawd-yng-nghyfraith, yn disgwyl ar y cei i fynd â fi adref. Ddywedodd neb air am y peth ar y ffordd adref ond dyma benderfynu stopio am rywbeth i'w fwyta mewn gwesty ar y ffordd. Y peth cyntaf welson ni oedd gwn mawr uwchben y grât, a dyma Glyn yn dweud 'Yli ... *shotgun!*' A dyna'r ias wedi ei thorri o'r diwedd a chwerthin mawr. Mi ddywedodd Dad wrtha' i i beidio poeni a bod pawb yn iawn am y peth.

Roedd Barbara erbyn hyn wedi mynd bum mis ac aeth y ddau ohonom i weld ei rhieni a dweud ein bod am briodi yr wythnos wedyn. A dyna fu. Priodas syml yn y swyddfa yng Nghaernarfon ar Fawrth y 4ydd, 1972. Mi gafwyd te parti yn nhŷ ei rhieni, a mis mêl wedyn, ond nid mewn gwesty crand chwaith. Roedd ffrind i mi, Alan Anstles, yn saer coed ar y *Menelaus*, a'r mis mêl oedd cael aros yn ei gartref o yn Blackpool am rhyw dri neu bedwar diwrnod.

Y broblem rŵan oedd cael lle i fyw. Roedd Barbara yn agos iawn at ei nain, Annie Hatton, a oedd yn byw yn y Felinheli, felly dyma fynd i fyw ati hi yn Menai Street am gyfnod. Roedd Nain Pentra yn gymeriad hynod o ffeind a hoffus ac yn gwneud ei gorau i'n helpu ni ond y broblem fwyaf oedd beth wnawn i am waith? Mi fûm i fyny yn Lerpwl i weld beth oedd yn mynd ond doedd gen i ddim awydd bod i ffwrdd am bedwar mis. Mi wnes i hefyd gysidro gweithio ar y rigiau olew, mis o weithio a mis i ffwrdd ond penderfynu chwilio am waith ar y lan wnes i. Doeddwn i ddim yn barod i adael y môr ond eto yn teimlo mai dyma'r peth gorau i'w wneud. Roedd fy mywyd wedi newid mwya' sydyn, a minnau'n methu credu fy mod wedi priodi a'r holl ryddid oedd gen i wedi mynd. Ar y pryd, roedd gen i dri chant ac wyth deg o bunnoedd yn y banc, ond heb waith.

O edrych yn ôl, rydw i'n falch fy mod wedi cael rhannu bwrlwm Lerpwl yn y chwedegau. Hwnnw oedd y cyfnod gorau erioed am fiwsig, cyfnod y *Beatles*, *Gerry and the Pacemakers*, y *Merseybeats* a'r *Spinners* ac mi gefais innau gyfle i ganu yma ac acw hefyd.

Bûm yn hwylio o Lerpwl am bron i naw mlynedd, a hyd heddiw, mae gen i feddwl y byd o'r bobol a'u hiwmor. Roeddwn yn lwcus iawn bod gen i deulu yno i 'nghymryd i mewn o bryd i'w gilydd, pobol fel Anti Betty, Anti Gwen ac Yncl Idris, Katherine a Les, Bet a Vic, a llawer iawn mwy.

Rydw i'n hynod falch, hefyd, imi gael bod yn rhan o'r Llynges Gymreig yn yr amser gorau. Erbyn hyn, mae'r *containers* mawr wedi lladd y llynges fasnach. Rydw i'n dal i fod yn aelod o Gymdeithas y *Blue Funnel* heddiw.

Methu Setlo

Bellach roedd yn rhaid chwilio am waith, a hynny'n lleol. Rhyw ddwy flynedd ynghynt roedd pont Britannia, oedd yn cario trenau dros y Fenai, wedi mynd ar dân ac ar ganol cael ei hailadeiladu. Erbyn hyn roedd yn barod i'w phaentio ac ar ôl bod yno'n holi, cefais ddechrau fel *rigger painter* yn gosod cadeiriau i'r hogia weithio ar y bont.

Roedd hyn yn waith go beryglus am ein bod yn gweithio tua 200 troedfedd uwchben y dŵr ond cawsom filoedd o hwyl yno, yn enwedig efo hogia Caernarfon. Roedd gan un ohonyn nhw gymaint o ofn disgyn nes ei fod yn paentio efo'r tun paent yn ei geg er mwyn iddo gael gafael efo'i ddwy law!

Gweithio i gwmni o'r enw *Cleveland Engineering* oedden ni. Mi anfonodd y bòs un o'r hogia i dacluso y tu mewn i'r tŵr un diwrnod. *'No way!'* medda hwnnw. *'There's big mouses inside there!'* Roedd y lle yn berwi o lygod mawr.

Roeddwn i'n ennill cyflog o rhyw dri deg punt yr wythnos ar y bont a phan ddaeth tŷ o'r enw Is Alun ar werth yn Helen Terrace, y Felinheli am fil a saith gant o bunnoedd, dyma ni'n penderfynu mynd amdano. Mi roddais dri chant i lawr arno, y cyfan oedd gen i ar y pryd, ond roedd gwaith mawr i'w wneud ar y tŷ. Bryd hynny, roedd ychydig o grant ar gael i ail-wneud tai ac fe'i chwalwyd nes nad oedd ond cragen ar ôl. Doedd dim modd byw yn y fath le ynghanol yr holl lwch a'r unig ateb oedd gosod carafán yn y cefn. Anti Katie wnaeth ei phrynu i ni, chwarae teg iddi, a hynny am ganpunt gan rhyw sipsiwn. Roeddwn yn ei chael hi'n anodd iawn byw a chael yr holl bethau ar gyfer y tŷ, ond daeth cyfle annisgwyl i ennill ychydig o arian drwy ganu.

Roedd ffrind i mi o'r môr, John o Borthaethwy, wedi fy mherswadio i fynd draw i'r *Auckland Arms* yn y Borth am beint un noson. Pwy oedd yno'n canu ond Aled (o Aled a Reg), a phan gymerodd o seibiant mi aeth John ato a dweud fy mod i'n dipyn o ganwr. Doeddwn i ddim yn adnabod Aled ar y pryd ond mi ofynnodd i mi roi cân, felly dyma fenthyg ei gitâr a dechrau canu. Ar ddiwedd y noson, dyma'r tafarnwr yn cynnig i mi fynd yno i ganu unwaith yr wythnos am deirpunt. Wedi meddwl am ychydig, dyma gytuno. Erbyn hynny doedd gen i ddim dima' efo holl gostau'r tŷ ac mi fyddai pob ceiniog yn help i gario 'mlaen. Ar ben bob dim mi gyrhaeddodd y babi ym mis Gorffennaf. Dyma benderfynu galw'r hogyn bach yn Neil ond doedd byw yn y garafán efo teulu ddim yn hawdd o bell ffordd.

Roedd yr hen gyfaill Yncl Ellis wedi dod i mewn i'n helpu ni efo'r gwaith ar y tŷ a doedd o ddim yn un hawdd gweithio efo fo. Roedd o'n un gwyllt ac yn hoff iawn o'i ddiod, a phob hyn a hyn roedden ni'n cael coblyn o ffrae. Mi ddigwyddodd hynny yng Nghaernarfon un diwrnod ac mi es i adra hebddo fo yn fy nhempar. Ond roedd Barbara a fo yn ffrindiau mawr a dyma hi'n fy hel yn ôl i'r dre i chwilio amdano. Pwy welais yn ei het wellt a string fest yn nhu blaen y dybl decar yn dod amdanaf ond y fo! Mi gawson ni lawer o hwyl am y peth wedyn.

Oherwydd bod y gwaith ar y bont yn dod i ben, mi gynigiodd Cleveland i ni fynd i weithio i waith dur Shotton, sef Ben, y *chargehand* o Fethesda, John Nefyn a fi. Doedd gan John a finna ddim awydd mynd o gwbl. Wedi cyrraedd yno, aeth Ben i drefnu gwaith ac aeth John a finna i dynnu ar yr hogia lleol. Roedd yr undeb yn gryf iawn yno yr adeg hynny a phan wnaethon ni ddigwydd sôn mai paentwyr o Fangor oedden ni, ac nad oedd neb lleol i wneud y gwaith, dyma fygwth streic yn syth. Erbyn i Ben gyrraedd yn ôl yn barod i weithio, roedden nhw am gau'r lle i gyd. Cael ein hel oddi yno wnaethon ni ac er i ni wadu, mae Ben yn dal i ddweud hyd heddiw mai arnom ni oedd y bai.

Cael ein symud wedyn i Gastell-nedd i weithio ar rhyw *flyover* fawr. Doedden ni ddim eisiau mynd i fan'no chwaith, ond roedd hi'n hynny neu fynd ar y dôl. Paentio tu mewn i'r *manholes* efo paent *epoxy* oedden ni. Roedden ni'n gweithio yn y twll am dri munud ac yna allan am awyr iach oherwydd y 'ffiwms'. Mae'n siŵr na fasa neb yn cael gwneud hynny heddiw.

Am y ddwy noson gyntaf, roedd y cwmni wedi talu i ni aros mewn gwesty reit grand. Roedd gen i ystafell i mi fy hun ond roedd y stafell molchi dros y coridor. Wrth gwrs, mi fuo'n rhaid i mi fynd allan i molchi yn fy nhrôns a dyna pryd

y caeodd y drws y tu ôl i mi. Dyna i chi g'wilydd oedd mynd
i lawr i'r cyntedd i ofyn am oriad i'r stafell ond roedd o'n
hwyl garw i bawb arall.

Tra oedden ni yno, aeth criw ohonom ni allan i rhyw glwb
nos ac mi ges i gynnig ymuno â'r hogia oedd yn perfformio
yno. Mi wnes i ganu efo nhw rhyw unwaith neu ddwy, ond
fûm i erioed mor falch o orffen job a chael dod adra i 'ngwely
fy hun yn y garafán.

Wedi dod adra, roedden ni'n gwybod mai dim ond rhyw
ychydig o waith oedd ar ôl ar y bont. Roeddwn innau'n dal
i fynd i'r *Auckland Arms* i ganu bob hyn a hyn ac un noson mi
wnes i sylwi ar ddau neu dri o fechgyn yn gwrando arna' i
yr ochr arall i'r stafell. Wedi i mi orffen, dyma nhw ata' i a
dweud mai grŵp o'r enw *Castaways* oedden nhw a'u bod
nhw'n cynnig i mi ymuno â nhw. Roedden nhw am i mi fynd
atyn nhw i Ddwyran, Ynys Môn i ymarfer. Mi wnes gytuno
i feddwl am y peth. Roeddwn i'n gwybod eu bod nhw'n
grŵp reit boblogaidd ar y pryd ac yn gweithio dros Gymru
a Lloegr.

Roedd pum aelod yn y band. Yn chwarae drymiau roedd
Tom Howells o Ben-y-groes. (Mi gafwyd tri drymiwr yn fy
nghyfnod i efo nhw – Maldwyn o Sir Fôn a Bob o ardal
Amlwch oedd y ddau arall.) Dennis Williams, sydd yn aelod
o Môntre erbyn hyn, oedd ar y bas. Ronnie oedd y prif
ganwr a'i dad oedd y rheolwr. Roedd hwnnw'n rhedeg
busnes tatws yn Nhŷ Croes, Dwyran ar y pryd. Rhwng
gwneud hynny a rheoli'r grŵp, roedd Wil Tatws yn ddyn
prysur iawn ond roedden nhw angen rheolwr gan fod y
Castaways allan hyd at chwe noson yr wythnos weithiau.
Neville Jones oedd ar y gitâr ddur, y *pedal steel*, ac roedd o'n
feistr arni, a dyna beth oedd yn ein gwneud ni'n wahanol.
Bryd hynny, canu yn Saesneg oedden ni, canu gwlad neu
beth bynnag oedd yn boblogaidd ar y pryd.

Roeddwn i'n cymryd lle cymeriad o'r enw Owie, neu
'Owie Beans' fel roedd pawb yn ei alw fo. Mi es i allan efo
nhw rhyw unwaith neu ddwy i weld beth oedden nhw'n ei
wneud. Eistedd yn y gynulleidfa oeddwn i, yn gwrando ar
hwn yn mynd drwy'i bethau. Rydw i'n medru ei weld o
rŵan, mewn clwb yn Ellesmere Port yn ei drowsus du, crys
gwyn a string fest yn y golwg, yn cyhoeddi mewn acen

Gymraeg eu bod am ganu *'The bum bailey song'*. Canu *'There goes my every possession'* oeddan nhw, wrth gwrs!

Wel, roeddwn i wedi gweld beth oedd yn digwydd. Fy nghyfle i fyddai nesa'. Roedden ni eisoes wedi penderfynu newid enw'r grŵp i *The New Castaways*.

Y *New Castaways*

Y noson gynta yn canu i'r *New Castaways* oedd mewn clwb gwyliau yng Ngronant ger Prestatyn, y *Sunny Sands Club*. Roedd y lle yn llawn dop o bobol ar eu gwyliau, tua thri chant i gyd, a phawb yn amlwg yno i fwynhau eu hunain. Roeddwn i'n nerfus ofnadwy ond ar ôl dechrau fe ddois at fy hun a mynd i hwyl efo'r hogia. Diolch i'r drefn, roedd y gynulleidfa wedi eu plesio.

Roedden ni'n gwneud tair noson yng Ngronant i gyd, nos Lun yn *Sunny Sands*, a nos Sul a nos Iau mewn clwb arall o'r enw'r *Beachcomber*. Roedd hyn yn aml yn golygu chwarae tan wedi hanner nos, a rhannu'r noson efo comedïwyr o Lerpwl, rhai fel Stan Boardman, Micky Finn, Al Dean a nifer o rai eraill.

Roedd rhyw ugain o bobol yn ein dilyn yn gyson i'r nosweithiau yma, a phawb yn holi'r ffordd orau i ddod i mewn am eu bod nhw mor llawn. Y cyngor oedd dweud mai nhw oedd rheolwr y band. Gofynnodd y dyn wrth y drws i mi un noson faint yn union o reolwyr oedd gennym ni, achos roedd yna dri wedi mynd i mewn yn barod!

Cyfnod y gwyliau oedd y prysuraf wrth gwrs, a doedd o'n ddim byd i ni fod allan chwe gwaith yr wythnos drwy'r haf, a saith noson ym mis Rhagfyr.

Roedd yna glwb y tu allan i Amlwch o'r enw Yr Ynys ac ar y pryd, hwn oedd y clwb mwya' poblogaidd ar Ynys Môn. Clwb carafanau oedd o, a hwn eto yn orlawn pan oedden ni'n canu yno. Roeddwn i wrth fy modd yn canu yno; hwn oedd ein *home ground* ni. Mi gawsom chwarae yno efo'r *Hillsiders*, sef grŵp canu gwlad gorau'r cyfnod. Y prif ganwr oedd Kenny Johnson sydd erbyn hyn yn canu efo *North Wind* ac sy'n cyflwyno ei raglen ei hun ar Radio Mersey. Rhyw ddwy neu dair cân Gymraeg oedden ni'n ganu ar y set bryd hynny, a dyma Kenny ataf fi a dweud ei fod o'n mwynhau'r canu Cymraeg. *'Stick to it and be yourself,'* oedd ei gyngor. Mi gawson ni dipyn o waith efo nhw yn ochrau Lerpwl wedyn, yng nghlwb *Shell* yn Ellesmere Port, y *Kings Hall*, a chlwb *Speke Airport* ymysg llawer.

Roedden ni ar y ffordd adref o Lerpwl yn oriau mân y

bore unwaith ac yn mynd drwy'r twnnel. 'Oes isio talu?' medda Dennis, oedd yn dreifio.

'Na,' medda Maldwyn y drymiwr, 'ddim ar ôl hanner nos.'

Felly dyma Dennis drwadd. Y peth nesa welson ni oedd y golau glas a'r heddlu ar ein holau, a mynd yn ôl fu raid. Roedd y dyn yn y bocs yn flin iawn pan aeth Dennis ato i ddweud 'Sorry, I didn't see you!' Hanner awr wedyn, mi gafodd y transit goch byncjar. Roedd yr olwyn sbâr o dan y gêr i gyd yn y cefn ac ar ôl dadlwytho bob dim eto, dyma sylwi bod y jac ar goll. Ymhen hir a hwyr, fe gafodd yr olwyn ei newid ond roedd hi'n bump o'r gloch y bore erbyn i ni gyrraedd adra.

Ar y ffordd i Aberystwyth unwaith, dyma gael stop gan yr heddlu – dim golau coch ar y cefn. Wedi trio dweud ei fod o'n iawn pan oedden ni'n cychwyn dyma egluro i'r plismon ein bod ni ar ein ffordd i'r Police Ball i ganu. Chwarae teg iddo, mi roddodd escort yr holl ffordd i Neuadd y Brenin i ni!

Oherwydd eu bod yn cael eu defnyddio mor aml, roedd yna sŵn craclo trydan ar y gêr canu. Wrth i Wil, y rheolwr, frolio i'r Prif Gwnstabl bod Ron yn giamstar efo gosod a thrwsio'r pethau trydan, mi roddodd hwnnw gic i'r 'amp' a dyma bob dim yn diffodd. Fo'i hun wedyn oedd yn gorfod egluro i'r gynulleidfa ein bod am gymryd seibiant 'to do some soldering'.

Cawsom wahoddiad i ganu mewn gwesty moethus yn y de unwaith. Plasty moethus allan yn y wlad oedd o, a ninnau'n cysgu mewn carafán y tu allan. Mi fuon ni'n canu tan un o'r gloch y bore, a neb yn cynnig bwyd i ni. Roedden ni ar lwgu, heb gael tamaid ers amser cinio ac er bod y lle wedi cau, doedd dim i'w wneud ond nôl rhywbeth i'r plasty. Roeddwn i'n ofnadwy o heini bryd hynny ac uchder yn poeni dim arna' i. Mi welson ni ffenest yn agored a dyma finnau'n dringo i fyny ati. Wrth i mi roi fy nhroed ar y sil, dyma sgrech. Roeddwn wedi dewis ffenest y toiled, a rhywun yn eistedd ar y pan! Mi ddois i lawr yn gyflym iawn. Ond doedden ni ddim am roi'r ffidil yn y to. Dyma ddewis ffenest arall a'r tro hwn mi wnes i lwyddo i fynd i mewn a ffeindio'r gegin. Mi gawson ni ddau gyw iâr a fflan fefus i swper.

Y bore wedyn mi ofynnodd pobol y lle a oedden ni wedi clywed rhyw sŵn mawr yn ystod y nos. Na, dim byd, oedd yr ateb.

Y peth gwaethaf am y canu oedd yr holl deithio a gosod y gêr a'u tynnu wedyn. Ond roedden ni'n cael pum punt ar hugain rhwng y band ac roedd pumpunt yr un yn arian rhesymol bryd hynny. Mi frifodd Dennis ei gefn yn llwytho unwaith a gorfod treulio wythnos yn yr ysbyty. Doedd hi ddim yn beth hawdd cadw'r canu a'r gwaith dyddiol i fynd.

Ar ddechrau'r cyfnod yma, roeddwn i'n dal i weithio ar y bont a'r hogia yn holi 'Lle oeddach chi neithiwr?' ac os oedd hi'n bwrw, 'Dos i nôl y gitâr i'r car!'. Ond doedd y darfod un-ar-ddeg oherwydd y tywydd ddim yn dygymod â fi. Roeddwn yn mynd ar fy mhen i'r *Halfway House* yn y Felinheli ac yn yfed gormod er fy lles fy hun a phawb arall. Roedd pethau wedi digwydd yn rhy sydyn a 'mywyd i erbyn hyn yn hollol wahanol i fywyd môr. Roeddwn yn ei chael yn anodd setlo ar y lan a'r yfed yn creu problemau rhwng y wraig a fi. Heb i mi feddwl, roedd fy mhriodas dan straen ac arna' i yr oedd y bai i gyd.

Ond roedd y grŵp yn mynd yn dda. Amser y grwpiau mawr oedd y saithdegau, grwpiau fel yr *Outlaws*, a'r *Naturals* o Fethesda. Roedd clybiau lleol fel Sosial Bangor, Clwb Criced a Chlwb Pêl-droed Bethesda, a Chlwb Penisa'r-waun yn ffynnu a phobol yn ciwio am hanner awr wedi chwech i fynd i mewn. Os nad oeddech chi'n aelod, doedd dim gobaith cael mynediad.

Roedden ni'n canu'n rheolaidd ym Mhortmeirion, y pentref Eidalaidd ger Porthmadog. Rhyw unwaith bob deufis yr oedden ni yno ac fe ddaethom i adnabod Syr Clough Williams-Ellis yn dda. Mi fyddai'n dod atom am sgwrs wedi ei wisgo mewn brethyn da a throwsus pen-glin. Roedd yr hen Syr Clough yn mwynhau'r nosweithiau ac mi fuon ni'n chwarae iddo fo ar ei ben-blwydd yn 90 oed. Noson arbennig oedd honno, efo gwestai fel Jeremy Thorpe, Wynford Vaughan-Thomas y darlledwr, a Roger Moore hefyd, yn ôl yr hogia. Roedd pawb wedi'u gwisgo'n grand, y dynion mewn *dinner suits* a'r merched yn eu ffrogiau llaes. Daeth Syr Clough atom ar y diwedd a dweud bod ganddo

dân gwyllt i orffen y noson. Roedd yr arddangosfa'n
anhygoel, efo'r rocedi a'r chwibanu a'r clecian. Sefyll o
gwmpas y pwll lili oedd pawb ac roedd yna un dyn bach
wedi gwisgo'n smart yn syllu ar hyn ac yn camu'n ôl i weld
y rocedi'n codi'n uwch pan ddisgynnodd i'r pwll efo coblyn
o sblash. Roedd gweld y creadur bach yn cael ei godi o'r dŵr
yn wlyb at ei groen a deiliach gwyrdd drosto yn ormod i
hogia'r grŵp. Mi fuo'n rhaid i ni ddiflannu er mwyn cael
chwerthin go iawn.

Bryd hynny roedd y rhaglen *Opportunity Knocks* yn
boblogaidd iawn ar y teledu. Mi anfonodd rhywun lythyr i
mewn ar ein rhan, a dyma gael gwahoddiad i wrandawiad
yn Lerpwl. Roedden ni'n perfformio o flaen panel o bedwar
mewn clwb o'r enw *Wookey Hollow*, ac yn cystadlu efo ni
roedd *Little and Large* a *Showaddywaddy*. Roedd Hughie
Green yno hefyd, a Jack Parnell, y *Musical Director*.

Mi wnaethon ni ganu tair cân, er nad aethom drwadd yn
y diwedd, ond wedi dweud hynny, roedd pobol eraill yno yn
sgowtio am dalent, a rhai o'r asiantaethau mawr yn chwilio
am enwau. Cyn bo hir, roedden ni'n cael galwadau ffôn o
ochrau Lloegr yn cynnig gwaith i ni. Mi gawson ni gynnig
chwe wythnos yn canu mewn bases Americanaidd yn yr
Almaen. Byddai hynny'n anodd iawn oherwydd bod pawb
efo'i waith dyddiol, yn enwedig Neville a Dennis a oedd yn
athrawon. Yn y diwedd mi wnaethon ni dderbyn y cynnig,
ond wedi cael y pasborts a phob dim, roedd un o'r hogia yn
methu cael amser rhydd o'i waith, felly tynnu'n ôl ar y
munud olaf fu raid.

Ychydig wedyn, mi fuon ni ar *New Faces* yn Birmingham,
ond yr unig beth ddigwyddodd y tro hwnnw oedd bod
rhywun wedi dwyn un o'r 'amps' oedd yn werth dipyn o
arian.

Felly, mae'n debyg nad oedd gyrfa ar y teledu i fod i ni ac
yn y diwedd, rydw i'n meddwl bod y grŵp wedi mynd yn
rhy brysur efo galwadau ledled y wlad a phwysau gwaith
bob dydd. Mi faswn yn dweud ein bod ni'n un o'r grwpiau
prysuraf yng Nghymru ar y pryd. Mewn cyfnod o rhyw
bedair blynedd, mi gawsom filoedd o hwyl a chyfarfod pob
math o bobol, ond fel pob dim da, daeth y *New Castaways* i
ben.

O *Securicor* i *Tenderfoot*

Roedd y gwaith ar y bont eisoes wedi dod i ben a ninnau erbyn hyn efo dau o blant, Neil a Lynne. Roedd yn rhaid cael gwaith yn sydyn a daeth cynnig gan yr hen ffrind, Ben, i fynd i weithio efo criw o Wyddelod yn gosod peipiau siwrej yn ardal Bethesda. *Haywards* oedd enw'r cwmni ac roedd y gwaith hwn yn galed ofnadwy. Weithiau, roeddwn yn crynu fel deilen yn cyrraedd adra ar ôl bod ar y *jackhammer* drwy'r dydd.

Os nad oeddech chi'n plesio, yna i lawr y lôn amdani. Gwelais ambell un yn dechrau ar fore Llun ac erbyn amser panad roedden nhw wedi mynd. Roedd y Gwyddel oedd yn rheoli'r gwaith yn gawr o ddyn ac yn dipyn o ffrindiau efo fi gan ei fod yn deall chydig o Gymraeg. Roeddwn i wedi dod i ddeall ei fod o'n ffan mawr o Tony ac Aloma gan ei fod wedi byw yma am flynyddoedd.

Symud wedyn ar ôl rhyw dri mis i weithio ar y Marina newydd yn y Felinheli. Gwaith caled eto, yn cymysgu sment a chario hod fel roedd y tai newydd yn cael eu codi. Ond am rhyw reswm, doedd yr asiant ddim wedi cymryd ata' i o gwbl ac mi gefais fy nghardia heb rybudd ar ôl rhyw chwe wythnos.

Roedd hwn yn gyfnod reit ansefydlog cyn belled ag yr oedd gwaith yn y cwestiwn. Cefais ddechrau efo cwmni o Ffrainc ar y pwerdy newydd yn Llanberis. Defnyddio *test rigs* i archwilio ansawdd y pridd oedden nhw. Peiriant oedd yn gwneud hyn, wrth gwrs ac oherwydd bod tipyn o sefyll o gwmpas, dyma'r bòs yn gofyn i mi lanhau ei gar. Mi ddywedais y baswn yn gwneud ond nad oeddwn i wedi dod yno i olchi ceir neb. Ar ôl gorffen hwnnw, mi ddywedodd wrtha' i wneud un arall. Roedd hyn wedi fy nghorddi go iawn ac ymhen rhyw dri diwrnod mi ofynnodd i mi fynd â fo dros yr afon yn y Land Rover. 'Iawn, 'ngwas i,' meddwn i, achos roeddwn i'n gwybod yn iawn bod yna ormod o ddŵr yn yr afon y diwrnod hwnnw. Mi aethon ni'n sownd hanner ffordd drosodd. *'Go out and push,'* medda fo. Dyma fi allan i ganol y dŵr oedd bron at fy hanner a chroesi i'r ochr arall. Wedyn, mi wnes i droi'n ôl i roi arwydd digon hyll iddo ac am adra â fi. Job arall wedi dod i ben.

Cefais gyfnod byr wedyn yn gweithio i gwmni *Roberts* yn y Felinheli. Roedden nhw'n enwog yn yr ardal am wneud peis a selsig, a 'ngwaith i oedd crwydro o gwmpas Sir Fôn yn gwerthu. Ond ymhen rhyw chwe wythnos mi wnes i roi'r gorau iddi. Roeddwn i wedi arfer efo gwaith mwy corfforol yn cael hwyl efo'r hogia, a doedd bod ar fy mhen fy hun fel gwerthwr ddim yn dygymod â fi. A pheth arall, roedd fy 'nghownts i'n ddifrifol. Cefais fy ngalw i'r swyddfa un diwrnod i gael gwybod bod yna fochyn cyfa' ar goll. 'Wel, dydw i ddim wedi mynd â fo,' meddwn i. Ond wedi mynd drwy'r llyfra, fi oedd wedi gwneud camgymeriad efo fy syms!

Bûm yn gweithio wedyn i gwmni *Securicor* ym Mangor. Fy nghefndir ar y môr wnaeth fy nghael i mewn. Roedden nhw'n chwilio am bobol oedd wedi arfer efo disgyblaeth y môr neu'r fyddin. Gwaith lleol oedd o i ddechrau, yn cario arian o gwmpas y banciau a'r siopau mawr yn yr ardal. Roedd dau ohonom fel rheol, ac un yn eistedd yn y cefn yn disgwyl am yr arian. Roedden ni wedi cael rhyw wythnos o hyfforddiant cyn dechrau, dweud beth i'w wneud petai rhywun yn ymosod arnoch chi, ac ychydig o hunanamddiffyn.

Er mwyn paratoi ar gyfer hyn, mi wnes i benderfynu mynd i'r clwb jiwdo ym Mangor. Ar ôl bod yno am rhyw fis, roeddwn yn gweld fy hun wedi dod iddi'n reit dda. Roedd yno un boi go fawr oedd yn meddwl ei fod o'n well na phawb arall ac mi ddaeth fy nhro i yn ei erbyn. Roeddwn yn bendefynol o setlo hwn ond roedd o'n hogyn cryf efo beltia yn y grefft. Yr unig felt gen i oedd hwnnw'n dal fy nhrowsus! Mi daflodd fi i'r awyr fel brechdan a glaniais ar fodyn fy nhroed. Roedd y bodyn wedi ei dorri, a dyna ddiwedd ar y jiwdo. Buan iawn y deuthum i ddeall, os bydd rhywun yn ymosod arnoch chi, y peth gorau i'w wneud ydy rhedeg!

Wedi bod yn gweithio i'r cwmni am rhyw fis, cefais fy rhoi ar y *run* drwy'r nos i Fanceinion; cychwyn o'r tŷ tua hanner awr wedi naw y nos ac adra tua naw y bore. Roedd Edwin o ochrau Bangor yn bartner i mi ac yn fy nysgu beth i'w wneud. Parseli oedden ni'n gario, a llythyrau pwysig i gyfarfod faniau eraill o bob cwr o'r wlad. Doedd yno fawr o ddim i'w ddwyn, felly roeddwn yn cysuro fy hun nad oedd hynny'n beryglus iawn.

Roeddwn i reit hoff o'r gwaith hwnnw, er ei fod yn waith coler a thei a minnau wedi gorfod torri 'ngwallt ar ôl dyddiau'r *Castaways*. Ond daeth yr amser i mi wneud y *run* ar fy mhen fy hun, ac er fy mod yn reit nerfus, yr ofn mwyaf gen i oedd mynd ar goll. Doedden ni ddim yn cael stopio i neb, hyd yn oed i blismon, dim ond cario 'mlaen i'r orsaf heddlu nesa'. Roeddwn yn codi'r fan ym Mangor a honno i fod wedi ei llenwi i'r top efo petrol. Ond roedd yn rhaid cael llond tanc i gyrraedd Manceinion a doedd y gweithiwr o 'mlaen i ddim wedi ei llenwi'n iawn. Dyma'r petrol yn darfod ar yr M6 ac wrth i mi drio cael gafael ar y *depot* mi ddaeth dau blismon o rywle. Gofynnodd un am fy enw a 'nhrwydded yrru ac roedd hi'n digwydd bod gen i. Sylwodd yn syth fod y drwydded heb ei llofnodi. '*You'll have to prove your identity*,' medda fo, a dyma gael fy martsio i'r Range Rover efo plismon bob ochr i mi. Ymhen hir a hwyr, cefais i fynd yn rhydd ac mi ddaeth rhywun o'r *depot* allan efo petrol i mi. Noson ofnadwy oedd honno.

Yr unig ddrwg efo gweithio drwy'r nos oedd fy mod yn cael trafferth ofnadwy i gysgu yn y dydd. Mi ofynnodd y cwmni os oedd gen i awydd mynd i weithio i Lundain yn helpu'r *Customs*, ond doeddwn i ddim yn ffansïo hynny. Ar ôl chwe mis, roeddwn i wedi cael digon ar y gwaith ond o leia' roeddwn i wedi cael gwers. Rhaid arwyddo eich trwydded yrru ar bob cyfri'!

Yn ystod y cyfnod hwn, mi wnes i ddigwydd taro ar Neville oedd efo fi yn y *Castaways* a dechrau siarad am ganu. Mi wnaethon ni drafod ffurfio deuawd ond roedd yna un broblem: dim gêr, a dim modd i'w brynu gan fod bob dim mor ddrud i gychwyn. Ond yn lwcus, mi gofiais am ffrind o'r enw Derek Humphreys o Gaernarfon. Roedd o wedi bod yn canu efo grwpiau lleol a'r gêr i gyd ganddo.

Mi ddechreuon ni ymarfer gyda'n gilydd i weld sut oedd pethau'n mynd, Derek ar y bas, a oedd yn brofiad newydd iddo gan mai rhythm oedd o'n ei chwarae fel arfer, Neville ar y gitâr ddur a finnau ar y rhythm. Roeddwn i a Derek yn canu, gan ei fod o'n hoff o harmoni ac yn un da am ddewis caneuon. Roedd o'n hoff o ganu gwlad megis John Denver, ac yn un da am drin cynulleidfa. Doedd y canu ddim yn ddigon, yn ôl Derek, roedd yn rhaid siarad efo nhw. Mi wnes inna' ddechrau cymryd diddordeb ac erbyn hyn mi fydda inna'n trio dweud rhywbeth rhwng caneuon a thynnu ar ambell un yn y gynulleidfa.

Cawsom ein gig gyntaf yn y *Legion* yng Nghaernarfon ac yna un arall yn y clwb pêl-droed. Dyna i chi le i dynnu ar y dorf efo'r Cofis. Mae'r dre yn agos iawn at fy nghalon am fy mod i'n adnabod cymaint yno, a 'nhad wedi ei fagu yn ardal Twtil. Mi fydda inna'n rhoi fy hun yn rhyw hanner Cofi, yn enwedig ar ôl y drochfa yn yr *Higher Grade.*

Ar ôl ymarfer am ychydig, dechreuodd y ffôn ganu unwaith eto ac roedd yn rhaid cael enw i'r grŵp. Wrth edrych drwy'r ceffylau rasio yn y papur newydd un diwrnod, dyma daro ar geffyl o'r enw *Tenderfoot.* Roedd cowboi ar y teledu o'r un enw, a dyna'r enw wedi ei ddewis. Dim ond yn Saesneg y byddem yn canu ar y pryd, a dyma ddechrau efo rhyw dai tafarnau bach rownd y wlad, rhai ohonyn nhw'n ddigon amheus yr olwg. Ond roedd y clybiau yn mynd yn gryf o hyd a'r bobl yn dal i'n cofio ni o ddyddiau'r *Castaways.* Roedden ni'n ddigon bodlon ar rhyw ddwy neu dair noson yr wythnos.

Wedi bod wrthi am rhyw chwe mis, roedden ni wedi dod i adnabod ein gilydd yn reit dda ac yn ôl ar y cylch clybiau. Mi gawsom gynnig bob nos Fercher yng nghlwb Glan Gwna yng Nghaeathro ac yn ara' deg roedden ni'n magu profiad a'r hyder yn dod yn ôl. Ymhen rhyw flwyddyn, mi benderfynodd Derek roi'r gorau iddi ond roeddwn i wedi dysgu llawer ganddo cyn iddo fynd. Cytunodd Neville a minnau i gario 'mlaen fel *Tenderfoot.*

Ond mi gefais i un peth arall gan Derek. Roedd ganddo fusnes papur newydd a chyn iddo fynd, mi berswadiodd fi i gymryd busnes papur dydd Sul yn y Felinheli. Dyma gyfle mawr i mi wneud fy ffortiwn!

Pan symudais i fyw i'r Felin, dim ond un oeddwn i'n ei adnabod yn dda yno, a Dic Owen, neu Dic Pant Gwyn oedd hwnnw. Roedd o, fel finnau, yn dod o Waunfawr ac wedi treulio blynyddoedd lawer yn Seland Newydd cyn dod adra a phriodi merch o'r Felinheli. Mi lwyddais i'w berswadio i ymuno â fi yn y busnes papur Sul er mwyn i'r ddau ohonom wneud arian mawr.

Ar ôl noson o ganu a chyrraedd adra yn oriau mân y bore, roedd yn rhaid mynd i Gaernarfon erbyn hanner awr wedi pump bob bore Sul i gyfarfod y fan, nôl y papurau a dod â nhw i'r Felin i'w sortio. Wrth reswm, ordors oedd y rhan fwyaf ond gan nad oedd yr un o'r ddau ohonom o'r pentra, doedd gennym ni ddim syniad lle'r oedd hanner y tai. Ar y Sul cynta roedden ni'n dal i ddanfon y papurau am bump o'r gloch y nos, a'r bobol yn gofyn ai papur 'fory oedd o!

Roedden ni hefyd yn danfon rownd y tai cyngor ym mhentref Bethel, a dyma Dic yn cael y syniad mai'r peth gorau i wneud oedd canu corn y tu allan i'r tai ac yna mi fyddai pawb oedd eisiau papur yn dod allan i nôl un. Mi ddaeth y bobol allan, ond dim ond i weld beth oedd yr holl sŵn ac yna mynd yn ôl i mewn. Symud wedyn i *'plan B'*. Bag o bapurau ar ein cefnau a dechrau curo ar y drysau. Ond heb yn wybod i'n gilydd, roeddwn i'n cnocio ar ddrws cefn y tŷ a Dic ar y drws ffrynt. Pan oedd y bobol yn agor y drysau, roedd y ddau ohonom ni'n edrych ar ein gilydd drwy'r cyntedd. Doedd dim byd i'w wneud ond chwerthin a'r gŵr a'r wraig yn chwerthin efo ni.

Roedd pethau'n mynd o ddrwg i waeth. Mi wnaethon ni fynd ag ordor draw i stad y Faenol ond doedden ni erioed wedi bod yno o'r blaen. Roedd arnom ni ofn deffro pawb am hanner awr wedi chwech y bore, felly dyma weiddi 'Iŵ hŵ!' yn reit sidêt o dan rhyw ffenest. Daeth yna ben mewn cap nos a choban i'r golwg a dechrau cwyno am yr holl dwrw. Mi wnaeth Dic ei orau i egluro iddo, ond bagio'n ôl i'r tywyllwch yn ara' deg wnes i.

Doedd dim llawer o arian yn dod i mewn ond roedd yn rhaid aros tan ddiwedd y mis i weld yn union sut oedd pethau'n mynd. Pan wnaethon ni'r syms, roedden ni wedi gwneud elw o bunt yr un yn y mis cyntaf. Mi fuon ni wrthi am rhyw bedwar mis i gyd cyn penderfynu rhoi'r ffidil yn y to a rhoi'r busnes i siop fy chwaer yn y pentref. Hyd heddiw, mi fydd y ddau ohonom yn sôn am hwyl y papur dydd Sul, a dwi'n siŵr na wnes i erioed chwerthin gymaint yn fy mywyd. Mi fyddai'r profiad wedi gwneud ffilm gomedi dda.

Mewn cyfnod o rhyw dair blynedd ers imi adael y môr, dwi'n meddwl i mi gael tua phymtheg o wahanol swyddi i gyd, ond roedd yna sialens newydd arall o 'mlaen i, a hynny yn y byd canu.

Traed Wadin

Ar ddechrau'r bartneriaeth efo Neville, doeddwn i ddim yn gwybod sut fyddai gitâr ddur a gitâr rhythm yn gweithio. Roedden ni wedi colli'r bas a'r harmoni ond roedd yn rhaid cario 'mlaen fel dau lew.

Roedden ni'n gweithio ar y cylch Saesneg ac yn cael gwaith drwy'r *North Wales Agency* ym Mangor a'r *Rainbow Enterprise* o ochrau Rhyl. Yr unig ddrwg efo hyn oedd nad oedd gennym ni syniad lle'r oedden ni'n mynd. Mi wnaethon ni gyrraedd clwb gwerin un noson a ninnau'n canu gwlad. Roedd y gynulleidfa wedi cymryd yn ein herbyn o'r dechrau. Lle anodd arall oedd y *No 10 Club*, sef clwb yr awyrlu yn y Fali. Weithiau roedd yna organ a drymiau yn y clwb yn ymuno efo ni. Roedd yn rhaid i ni eu defnyddio ond roedd hyn yn gwneud pethau'n anodd i mi gan nad oeddwn yn darllen miwsig.

Mi wnaethon ni gyrraedd clwb *Monsanto* yn Wrecsam un waith dim ond i gael gwybod bod yna 'Wmpa Band' o'r Almaen wedi cyrraedd o'n blaenau. Ar y lôn am bedair awr dim ond i gael ein hel adra. Peth felly oedd gweithio drwy asiant.

Dro arall roedden ni mewn tŷ tafarn a'r lle yn orlawn o bobol wedi meddwi ac yn swnllyd. Wedi gosod y gêr a gofyn am dawelwch, dyma ddechrau arni ond mi ddisgynnodd rhyw foi mawr chwil ar draws y gitâr ddur a glanio wrth fy nhraed. Dyma fi'n rhoi 'nhroed ar ei wddw i'w ddal i lawr, tynnu'r gitâr a chyhoeddi i'r gynulleidfa fy mod i wedi cael digon. Aeth y lle yn hollol ddistaw. Mi wnaethon ni dynnu'r cebls, pacio'r gêr ac allan â ni.

Roedden ni mewn clwb ger Pwllheli un penwythnos a doeddwn i ddim hanner da efo'r ffliw. Doeddwn i ddim ffit i fynd allan ond doedd fiw siomi neb. Mi ddywedodd rhywun fod port a brandi yn beth da at ddolur gwddw, ond mae'n siŵr mai dim ond un oedden nhw'n ei feddwl. Erbyn y gân olaf roeddwn yn feddw braf, wedi bod ar y port a brandi drwy'r nos. Ar y diwedd mi gefais fy nghario i'r fan, Neville ar un ochr a phwyllgor y clwb yr ochr arall.

Er yr holl brysurdeb, roeddwn yn sicrhau bod yna wythnos bob haf i fynd â'r teulu am wyliau, fel arfer i grwydro mewn carafanét. Un tro, dyma benderfynu mynd am wythnos i Butlins ar Ynys y Barri efo'n ffrindiau, Derek a Carol o Lanberis. Roedd cystadleuaeth dalent yno a chefais fy mherswadio gan y plant i drio. Mi wnes i sylweddoli'n fuan fod hwn yn rhywbeth reit fawr, efo pobol yn trio er mwyn cael eu gweld. Roedden nhw wrthi'n brolio yn y cefn a minnau'n teimlo allan o fy nyfnder braidd. Ond er mawr syndod, fi enillodd a chael mynd drwadd i'r ffeinal fawr ar ddiwedd y tymor a chael wythnos am ddim. Mi fyddai hynny'n golygu gorfod cael pres gwario a chael wythnos i ffwrdd o'r gwaith ond roedd yn rhaid mynd achos roedd y plant wedi gwirioni mwy na fi.

Yn y ffeinal roedd hi'n amlwg bod rhai ohonyn nhw'n broffesiynol ac yn gweld ennill y gystadleuaeth fel cyfle i gael eu brêc yn y byd adloniant. Comedïwr ddaeth yn gyntaf a minnau'n drydydd ond eto, er i mi ei gymryd fel dipyn o hwyl, roedd o'n brofiad da.

Roedd Neville a minnau'n dod adra o ogledd Lloegr un noson ac yn sgwrsio yn y fan pan ddechreuon ni sôn am Tony ac Aloma, gan mai nhw a Hogia'r Wyddfa a Dafydd Iwan oedd yn boblogaidd ar y pryd. Mi ddywedais eu bod nhw wedi bod yn gwmpeini mawr i mi ar y môr, a dyma Neville yn dechrau dweud ei hanes efo Hogia Bryngwran. Roedden ni wedi crwydro hyd a lled y wlad yn canu'n Saesneg, ond nid yn Gymraeg. Felly dyma gytuno y bydden ni'n rhoi cynnig arni.

Fel roedd hi'n digwydd bod, roedd yna glwb poblogaidd yng Nghaernarfon o'r enw Clwb Tanybont a dyma gael gwahoddiad i fynd yno gan Ian Jones a oedd yn gyfrifol am yr adloniant. Ond roedd yna broblem: dim caneuon, ac ar ben hynny, dim enw. Mi wnaethon ni grafu rhyw chwe chân Gymraeg at ei gilydd, caneuon fel 'Ar Lan Hen Afon' a 'Wedi Colli Rhywun sy'n Annwyl' a ballu.

'Be aflwydd gawn ni'n enw?' oedd hi wedyn. Dyma ofyn i rywun o Gaernarfon am gyfieithiad o *Tenderfoot*. 'Traed Wadin!' medda hwnnw'n syth. 'Dyna be maen nhw'n galw boi sy'n cerddad yn ysgafn ar flaena'i draed.' Os ydach chi am ffugenw, does yna neb gwell na'r Cofis. Pan fydda' i'n cerdded y stryd heddiw yn y dre, mae yna rhywun yn siŵr o weiddi 'Traed Wadin'.

Cyrhaeddodd y noson fawr yng Nghlwb Tanybont. Tecwyn Ifan oedd yno efo ni, neu ni efo fo. Roedden ni wedi canu'n caneuon i gyd yn y rhan gyntaf ac wedi plesio'n weddol. Yn yr ail ran, dyma ddweud bod yna gais wedi dod am yr un rhai eto a'u gwneud nhw mor hir â phosib. Mi aeth y noson yn arbennig o dda a ninnau wedi cael croeso ofnadwy. Syniad da oedd y canu Cymraeg yma!

Mi fentrais i weld Dafydd Iwan yn Sain i weld a oedd hi'n bosib gwneud record. Y peth cyntaf wnaeth o ofyn oedd 'Oes gen ti ganeuon?'

'Nag oes,' meddwn inna'.

'Wel, dos i sgwennu rhai a tyrd yn dy ôl wedyn efo rhai gwreiddiol.'

Es yn syth at Nev ac mi gytunodd i roi cynnig arni. Ymhen rhyw fis, roedd ganddo bedair cân yn barod, sef 'Bai ar y Band', 'Ffrind', 'Diwrnod Arall' a 'Potel Bach o Win'. Mi fuon ni'n recordio rhain yn Stiwdio Sain, Llandwrog, efo Dic Morris o Hogia'r Wyddfa ar y piano, Charli Britton ar y drymiau a Hefin Elis ar y gitâr ac yn cynhyrchu. Efo Nev ar y gitâr ddur a finna ar y gitâr ac yn canu, roedd hwn yn sŵn eitha gwahanol yn y Gymraeg.

Dechreuodd Hywel Gwynfryn chwarae 'Potel Fach o Win', wedyn Sulwyn Thomas a Gareth Glyn, ac y sgîl hynny, mi gododd gwerthiant y record ac mi gawson ni wahoddiad i ymddangos ar y teledu am y tro cyntaf. *Twndish* oedd enw'r rhaglen ac roedd yn cael ei recordio mewn hen gapel yng Nghaerdydd. Yr hen ffrind, Aled, o Aled a Reg, oedd wedi rhoi gair da drosom. Cawsom gyfle wedyn i ganu ar raglen radio Delwyn Siôn am chwe wythnos, yn canu'n fyw efo Siân James. Canlyniad hyn i gyd oedd cael rhaglen ein hunain *Awr yng Nghwmni Traed Wadin* o Glwb Tanybont, efo Emyr Wyn yn cyflwyno.

Roedd gen i ffrind o'r Felinheli o'r enw David Williams oedd newydd gwblhau cwrs coleg i fod yn artist. Roedd o wedi chwarae mewn grwpiau lleol ond heb wneud hynny ers blynyddoedd, felly dyma ofyn iddo ddod i chwarae bas i ni yn Nhanybont. Yn y diwedd, mi gytunodd, ond welais i erioed neb yn fwy nerfus. Rhyw chwech o ganeuon oedd ganddo fo i'w dysgu a rhoddodd y stand miwsig o'i flaen efo rheiny yn eu trefn. Cyflwynodd Emyr Wyn ni, 'Rhowch groeso i Traed Wadin'. Agorodd rhywun y drws oedd gyferbyn â Dafydd a chwythodd ei bapurau i bob man. Wrth drio eu dal, mi faglodd dros y stand a'r nodau ar y bas ym mhob man. Roedd ar ei liniau ar lawr yn ceisio gwneud trefn ar y caneuon, ond mi fedron fynd drwyddi yn dda iawn o gysidro bod y rhaglen yn fyw ar y radio. Drwy rhyw lwc, roedd y gynulleidfa'n chwerthin ac yn meddwl bod hyn yn ran o'r sioe. Mae Dafydd erbyn hyn wedi teithio'r byd yn arddangos ei lunia.

Roedd 'Potel Fach o Win' wedi rhoi newid ar fyd i ni. Daeth gwaith ar y teledu a'r radio yn gyson, a galwadau i fynd i lawr i'r de. Y noson gyntaf i ni deithio i dde Cymru, roedden ni'n canu mewn sgubor ar fferm. Roedd hi'n rhy bell i deithio adra mewn noson a ninnau'n methu fforddio llety, felly doedd dim amdani ond aros mewn pabell. Oherwydd y gwaith teledu, roedd pawb yn meddwl ein bod yn gyfoethog, ond mi fyddai gwesty wedi llyncu'r ffi i gyd. Dyma osod y babell ar waelod y cae wrth ymyl yr afon ar noson drybeilig o oer. Roedden ni wedi rhewi erbyn ganol nos. Tua phump o'r gloch y bore, mi gawson ni ein deffro gan fustych yn busnesu a baglu dros y rhaffau. Roedden nhw'n ysgwyd y babell ac er i ni fynd allan i'w hel i ffwrdd, roedden nhw'n mynnu dod yn ôl. Felly, yng nghanol gwlith mawr, dyma bacio bob dim a'i throi hi am adra tua chwech y bore. Erbyn i ni gyrraedd, roedden ni'n flinedig ac wedi fferu drwodd. Pan ofynnodd Barbara sut aeth hi, yr ateb gafodd hi oedd 'Wna' i byth aros mewn tent eto!'

Cyn bo hir, roedden ni'n byw a bod yn y de ac wedi gwneud ffrindiau da. Roedd pawb yn tu hwnt o garedig a doedd dim angen poeni am le i aros.

Un o'n cyngherddau mwyaf oedd un y *Red Arrows* yn Llanidloes gyda John Dudley Davies. Daeth yn ffrind da ac mi fuom yn canu yno tua chwech o weithiau i gyd. Roedd o'n ffan mawr o ganu Gwyddelig ac wedi dod yn ffrind personol i Brendan Shine ac Ann Breen. Yn ymddangos efo ni roedd Dai Jones, Llanilar, Iona ac Andy, Bethan Dudley a'r diweddar Gari Williams. Roedden ni'n ffrindiau mawr efo Gari gan ein bod wedi gwneud y clybiau Saesneg efo'n

gilydd ond wedi dweud hynny, roedd pawb yn ffrindia efo
Gari. Roedd o'n ddoniol ac ar ben hynny yn hen foi iawn.
Roedden ni'n cael *buffet* mewn gwesty un noson ar ôl
cyngerdd, a llwyth o Saeson a phobol ddiarth yno. Mi
gerddodd Gari i mewn a chymryd arno mai fo oedd rheolwr
y lle.
'*Is everything all right?*' medda fo.
'*Oh yes, thank you!*' meddai pawb. '*Very nice.*'
Ar ein ffordd adra o rhyw gyngerdd a'r gwragedd efo ni,
dyma alw i weld ffrindia yn Aberystwyth. Roedd mynd i
lawr i'r de yn dal yn gymharol newydd i ni a'r iaith yn
ddiarth. Dyma ŵr y tŷ yn dweud 'Rhaid i chi esgusodi Mam-
gu, mae hi'n dal yn ei gwely.'
Mi fuom yno am rhyw awr ac wrth i ni baratoi i fynd,
dyma un o'r genod yn troi ato a dweud 'Cofiwch ni at Mrs
Magee!'
Gan ein bod yn teithio gymaint, roedden ni'n cael llawer
o droeon trwstan ar y lôn. Mi fuom yn canu yn y Clwb
Cymraeg yn Lerpwl unwaith, a hithau'n noson fawr ac yn
storm ofnadwy. Pan gyrhaeddom y twnnel, roedd arwydd
yn dweud ei fod wedi cau ac i bawb ddefnyddio'r twnnel
arall. Ond fedron ni yn ein byw gael hyd iddo a byddem yn
cyrraedd yn ôl i'r hen dwnnel bob tro. Mi ddigwyddodd hyn
tua thair gwaith pan ddaeth plismon atom ni a gofyn be
oedd yn bod. Roedd o wedi bod yn ein gwylio ni'n mynd a
dod. Dyma ddweud ein bod ni wedi colli'n *bearings* ac mi
fu'n trio egluro'r ffordd i ni am tua phum munud: '*First right*'
a '*second left*', a'i freichiau'n mynd fel melin wynt. '*Thank you
very much,*' ac i ffwrdd â ni.
Dyma ni'n cario 'mlaen am tua chwarter awr a chyrraedd
yn ôl i geg y twnnel lle'r oedd y plismon yn dal i sefyll.
'*I give up!*' medda fo a chwifio'i freichiau yn yr awyr.
Ond mi gawson ni hyd i'r ffordd iawn yn y diwedd.
Roedd yr hen garafanét yn cael ei chwythu i bob man a'r to
yn bygwth codi, ond mi gyrhaeddom adra yn saff unwaith
eto.
Mi gawsom ein stopio un noson gan yr heddlu a dyma un
yn gofyn i ni pwy oedden ni.
'Traed Wadin,' meddwn inna.
Gofynnodd i ni ddod allan o'r fan. A hithau'n dywydd

poeth yn yr haf, roedd Nev wedi bod yn gorwedd ar y traeth ac wedi llosgi ei draed. Roedden nhw wedi chwyddo, felly mi dynnodd ei sgidiau a sanau yn y fan. Mi gafodd o chydig o drafferth i neidio i lawr.

'Traed Wadin ia?' medda'r plismon.

'Ia,' meddwn inna.

Mi fuon nhw'n ein holi ni am rhyw awr ond mi gawson ni fynd yn y diwedd. Roedden nhw'n benderfynol bod Nev yn debyg iawn i rywun oedd wedi bod yn dwyn yn yr ardal.

Mi fyddai Neville yn arfer dweud wrth deithio adra mai dim ond merched y nos, lladron a chanwrs oedd allan bryd hynny a dwi'n tueddu i gytuno efo fo.

Yn dilyn llwyddiant 'Potel Fach o Win', cawsom gynnig gwneud record fer arall a'i galw hi'n 'Tro i'r Fro'. Mi roddodd hyn gyfle i mi ganu am y pentref lle magwyd fi, sef Waunfawr, a chân Richie Thomas, Penmachno, sef 'Yr Hen Rebel' yn steil canu gwlad. Pan alwais yn nhŷ Dic Morris, Hogia'r Wyddfa un noson i fynd dros y gân, pwy oedd yno ond Richie Thomas ei hun. Roeddwn i wedi cael fy magu yn gwrando arno ac yn methu credu fy mod yn ei cael ei gyfarfod. Dywedodd ei fod wedi clywed am Traed Wadin a gofynnodd i mi pwy oedd wedi fy nysgu i ganu.

'Neb,' meddwn inna. 'Beth wnaeth i chi feddwl hynna?'

'Rydach chi'n geirio'n dda,' medda fo.

Mi wnes i gymryd hynny fel canmoliaeth mawr gan ŵr bonheddig.

Unwaith eto, mi werthodd y record yn dda a gofynnwyd i ni wneud ein record hir gyntaf. Roedd Neville yn cael hwyl ar yr ysgrifennu ac yn cynhyrchu caneuon fel ffatri.

Mae'r gân 'Mynd Fel Bom!' yn sôn amdanom yn teithio yn hwyr yn y nos ac yn methu disgwyl cyrraedd adra. Mi ddaeth allan ar yr adeg iawn, pan oedd S4C newydd fynd ar yr awyr, a dechreuodd y gwaith teledu gyrraedd yn gyflym. Roedd Rosalind a Myrddin wedi cael cyfres ac mi fuom ar honno. Wedyn *Trebor Edwards*, *Gorau Gwerin*, *Hawddgan*, rhaglen Hywel Gwynfryn a *Taro Tant*. Yna, mi wnaeth HTV sôn am gyfres i ni yng Nghaerdydd, ond oherwydd ein gwaith dyddiol roedd hi'n amhosib cael tridiau yr wythnos i ffwrdd. Roedd pethau'n ddigon anodd fel ag yr oedd hi a'r canu yn dechrau cymryd drosodd. Erbyn hyn, roeddwn i efo'r Bwrdd Trydan a Neville yn athro. Doedd dim byd amdani ond trafod y posibilrwydd o ddechrau canu'n llawn amser. Ar yr un pryd, mi gefais i alwad o *Pobol y Cwm* yn cynnig gwaith i mi ac yn rhoi wythnos i mi benderfynu. Roedd yn rhaid meddwl yn galed am hyn. Roeddwn i mewn gwaith da efo'r *CEGB*. Oeddwn i am daflu fy mhensiwn i'r gwynt, a Neville yr un fath efo'i waith o? Beth bynnag, anghofio'r syniad fu raid. Roedd y ddau ohonom hefyd wedi cael cerdyn *Equity*. Mewn rhai cwmnïau teledu, roedden nhw'n gwrthod gweithio efo chi os nad oeddech chi'n aelod. Yna, fe ddaeth cynnig arall i gael gwneud ein rhaglen ein hunain, *Yng Nghwmni Traed Wadin*. Mae'n siŵr mai dyma'r uchafbwynt i ni fel grŵp.

Roedd y rhaglen yn cael ei recordio yn Theatr Gwynedd a'r lle yn llawn o ffrindiau a theulu a'r bobol oedd yn ein dilyn yn gyson. Iona ac Andy oedd efo ni ac roedden ni'n cael canu caneuon gwreiddiol i gyd. Mi aeth y noson yn arbennig o dda; roedden ni hyd yn oed wedi perswadio hogia'r band i wisgo crysau cowbois, Charli Britton, Delwyn Siôn ar y piano, a'r gŵr oedd yn cynhyrchu ein recordiau i gyd, Hefin Elis. Does dim dwywaith fod gwneud hynny i gyd yn dipyn o straen ar y pryd, ond mi faswn i wrth fy modd yn cael yr un cynnig eto.

Ar ôl y rhaglen, mi ddechreuon ni dderbyn dipyn o lythyrau drwy'r post yn dweud cymaint yr oedd y bobol wedi mwynhau'r sioe. Roedd hyn yn beth braf wrth gwrs ac yn brofiad reit newydd i ni. Roedden ni wedi dosbarthu cardiau efo rhif ffôn a chyfeiriad arnyn nhw, yn y gobaith o gael mwy o waith yn sgîl hyn, ond yr unig ddrwg oedd bod pobol yn ein ffônio bob awr o'r dydd a nos. Mi ddechreuais i gael galwadau ffôn amheus ddaru achosi niwsans llwyr i mi a'r teulu. Mae'n siŵr mai *stalker* fyddai rhywun yn galw'r ferch honno heddiw, achos roedd hi'n ffônio acw bob munud i ofyn amdanaf, a hyd yn oed ffônio'r gwaith. Yn y diwedd mi gefais i rybudd i gadw'r canu ar wahân i 'ngwaith bob dydd. Mi ddaeth i ben, diolch byth, ymhen rhyw chwe mis ond roedd yn brofiad annifyr iawn.

Ar wahân i hynny, roedd pethau'n mynd yn grêt a chawsom wneud record hir arall, sef 'Fory heb ei gyffwrdd'.

Daeth cyfle hefyd i Neville ysgrifennu sgriptiau comedi ar gyfer rhaglenni fel *Taro Tant*. Cawsom filoedd o hwyl yn gwneud y rhain ac roedd y bartneriaeth rhwng Nev a minnau yn mynd o nerth i nerth. Ar y pryd, roeddwn innau'n cael gwaith ar y teledu fel ecstra mewn dramâu. *Henllys Fawr* oedd y gyntaf ac yna fe ddaeth *Penyberth, Minafon, Jabas, Yma i Aros*, a rhan fel pysgotwr yn *Jini Mê*. Mewn ambell i ddrama, roedd yn rhaid torri'r gwallt yn gwta i siwtio'r cyfnod. Rydw i'n cofio ffilmio yn ochrau Pwllheli a chyrraedd yno am chwech y bore. Roedd yna bumpunt yn ychwanegol i'w gael am dorri 'ngwallt, a dyma gytuno. Mi wnaethon nhw ei dorri mor hegar nes bod y tu ôl i 'nghlustia yn gwaedu, a gadael y top gan fy mod yn gwisgo cap. Welais i 'rioed y ffasiwn olwg ar neb. Roedd Myrddin (Hogia'r Wyddfa) a Deiniol o Gaeathro wedi cytuno i wneud yr un fath. Dyma i chi beth oedd triawd â golwg arnyn nhw. Roedd gen i gymaint o gywilydd mynd adref, es rownd y Cei yng Nghaernarfon deirgwaith. Y diwrnod wedyn, es at y barbwr lleol i dorri'r top.

Roeddwn i hefyd yn gwneud dipyn o waith ar raglen Gari Williams, *Galw Gari*, a dyna beth oedd hwyl. Un diwrnod a ninnau'n ffilmio ger Llanberis, doedd y dyn stynts heb gyrraedd a'r gwaith ar stop. Roedd hwn i fod i neidio o ben craig uchel ac ar ei ben i'r dŵr, er mai yng nghanol matresi oedd o'n glanio go iawn.

'Mi wna' i o i chdi,' meddwn wrth Gari.

Roeddwn i wedi hen arfer efo uchder, wrth gwrs, a diolch i'r drefn, mi aeth bob dim yn iawn.

'Wyddost ti be?' medda Gari, 'Ti'n wirionach nag yr oeddwn i'n ei feddwl!'

Mi wnes i ffrindia da yn cymryd rhan mewn rhaglenni gwahanol ond unwaith eto, roeddwn yn ei chael yn anodd gwneud bob dim a gweithio'n llawn amser. Yn y diwedd, mi aeth yn ormod a daeth y bartneriaeth efo Nev i ben ar ôl cyfnod o ddeg mlynedd.

Ar y pryd, roeddwn yn teimlo'n ddigalon ofnadwy. Dyma'r amser mwya' cyffrous yn fy mywyd canu. Cael teithio'r wlad a chyfarfod bob math o bobol yng nghwmni'r hen ffrind Neville Jones. Rydw i'n ddiolchgar iddo am ei gyfeillgarwch ac yn edmygu ei ddawn yn ysgrifennu'r holl ganeuon i ni. Ond symud ymlaen eto oedd raid.

Potel Fach o win

Mae'r byd yn llawn cysuron
I lonni calon dyn,
Mae popeth ar ei gyfer i fyw yn o gytûn,
Ond ni wnes sylweddoli
Fod bywyd o mor braf,
Nes i mi golli'r cwbl
A gwneud gaeaf o fy haf.

Cytgan:
Ond does dim ar ôl sy'n gysur
I ddyn sydd o mor flin,
Ond hen gân sy'n llawn o hiraeth
A photel fach o win.

Bûm i un tro mor hapus
Â'r deryn yn y coed
A chanwn gân mor lawen
Ag unrhyw gân erioed,
Ond pan wnes i ffarwelio
Â'r cyfaill gore fu,
Fe guddiwyd fy holl heulwen
Gan gwmwl creulon du.

Cytgan:

Ac nid wy'n gweld dim diwedd
I'm bywyd ofer ffôl,
Na darfod ar yr hiraeth
Os na ddaw hi eto'n ôl,
Ond ni ddaw er im grefu
A phlygu ar fy nglin,
Gwell i mi foddi 'nagrau
Mewn potel fach o win.

Y Bwrdd Trydan

Mi ddywedodd yr hen ffrind, Ben, wrthyf un diwrnod am hysbyseb yn y papur lleol yn gofyn am linellwr trydan i weithio ym Mhentir, ger Bangor. Roedd o wedi bod yn gwneud y gwaith yn y chwedegau pan oedd y peilons yn cael eu codi gan *AEI* a *Balfour Beattie*. Yn ei eiriau o, roedd hon yn swydd dda, yn 'job am oes'.

Roeddwn innau'n cofio adeg eu codi'n iawn, efo'r holl ddynion o gwmpas yr ardal yn gwisgo beltiau am eu canol yn llawn tŵls, ac yn cerdded fel cowbois. Rhyw bedair ar ddeg oeddwn i ar y pryd ac roedd un peilon uchel ym Mhencefn ger Waunfawr. Fel hogia ifanc gwirion, mi wnaethon ni herio'n gilydd i'w ddringo ond wedi i ni gyrraedd y fraich isaf mi welson ni ddau blismon yn carlamu ar draws y caeau. Mi fedron ni ei g'luo hi cyn iddyn nhw ein dal.

Cefais fy nghyfweliad ar ddiwrnod oer o Fawrth 1977 ac yn eistedd yno efo fi yr oedd bachgen o Gaernarfon, Wil Jones, a oedd newydd orffen yn y fyddin. Gan fy mod i wedi bod ar y môr mi wnaethon ni daro sgwrs i ysgafnhau rhywfaint ar y nerfusrwydd. Roedd deg yn cael eu cyfweld i gyd, ond ni ein dau gafodd ein derbyn, efallai oherwydd ein cefndir a'r ffaith ein bod dipyn yn hŷn. Roeddwn i'n 28 oed erbyn hynny.

Cynnal a chadw'r peilons oedd y gwaith a rhaid i mi gyfaddef, er fy mod wedi arfer gweithio ar uchder mawr, roeddwn yn ofnus iawn ar y cychwyn, yn dringo hyd at ddau gant o droedfeddi a mwy. Doedd o ddim yn waith hawdd. Roedd pob dim mor fawr i'w drin i ddechrau a ninnau'n gorfod gweithio yn y gwynt a'r glaw. Roedd fy nwylo mor oer weithiau fel nad oeddwn yn medru eu teimlo, ac roedd hynny'n gallu bod yn beryglus, achos digon hawdd dringo, ond roedd yn rhaid gweithio ar ôl cyrraedd y top.

Pan ddechreuais i fel *mate*, £34 yr wythnos oedd y cyflog a phum ceiniog yn fwy am fynd i mewn i'r gadair oedd yn rhedeg ar draws y wifren. Mae'n siŵr fod hwn yn rhyw fath o *danger money*. Yn ystod y cyfnod yma, roeddwn i'n byw ar y mynyddoedd, i mewn ac allan o'r Land Rover ac ambell i ffarmwr yn edliw 'mod i'n cael cyflog mawr am ddringo i'r fath leoedd.

Roedd yr hogia yn agos iawn at ei gilydd a digon o hwyl i'w gael ac roedd hynny'n fy siwtio i'r dim am fy mod mor bryfoclyd. Ond roedd pawb yn ei chael hi. Yn y mis cyntaf, mi gawsom ein galw allan i'r mynyddoedd uwchben Dolgarrog mewn tywydd mawr ofnadwy. Dyma gael paned o de a brechdan fel arfer cyn cychwyn allan, ac erbyn i ni gyrraedd yno, roedd yr eira cyn uched â'r cloddiau. Roedd yn rhaid i ni gerdded ar ben y waliau cerrig neu mi fasa fo uwch ein pennau. Am ei bod mor oer, roedd gen i ddigonedd o ddillad amdanaf, gormod a dweud y gwir, achos mi gefais y teimlad 'mod i eisiau mynd i'r tŷ bach ond yn methu deall sut yr adeg honno o'r bore. Aeth pethau o ddrwg i waeth ac erbyn cyrraedd Bethesda yr ochr arall i'r mynydd, roedd cnoi mawr arnaf, ac mi fu'n rhaid i mi fynd i'r tŷ bach yn fan'no neu mi faswn i wedi gwneud yn fy nhrowsus. Ond fedrwn i ddim brasgamu, dim ond aros yma ac acw i wasgu a chymryd arnaf edrych ar ambell ffenest siop. Cael a chael fu hi i gyrraedd ond roedd yn rhaid chwilio am geiniog yng nghanol yr holl ddillad. Erbyn i mi fynd yn ôl i'r Land Rover, roedd yr hogia yn eu dyblau yn chwerthin. Un ohonyn nhw oedd wedi rhoi lacsatif yn fy nhe.

Oherwydd ein bod ni newydd ddechrau, mi fu'n rhaid i Wil a fi fynd ar gyrsiau yn ystod y cyfnod hwn. Buom yn dysgu am ddiogelwch a sut i roi *earths* ar y tyrau i arbed cael sioc. Roedd yna ddarlithydd yn dangos i ni sut i wneud hyn ym mhwerdy Agecroft ger Manceinion, a dyma fo ei hun yn cael cymaint o sioc nes ei fod o'n dawnsio hyd y stafell. Roedden ni'n gweld hyn yn ddoniol iawn am ryw reswm. Mi fuon ni wedyn yn Solihull am rai wythnosau a mwynhau'r cwrs yn arw. Gorffen yr hyfforddiant wedyn wrth weithio 'yn y maes' fel petai am ddwy flynedd.

Ond mi fu bron i'r gwaith orffen cyn ei ddechrau go iawn i mi. Roeddwn wedi prynu tair 'stinc bom' mewn siop jôcs yng Nghonwy ac mi heriodd yr hogia fi i ollwng un yn y swyddfa ym Mhentir. Roedd yna gyfarfod mawr yno ar y pryd a'r lle yn llawn o bobol bwysig. Roedden ni'n sbecian yn yr adeilad dros y ffordd pan ddaethon nhw allan o'r

drewdod fesul un, gan wneud y wynebau mwyaf ofnadwy.
Mi fu'n rhaid iddyn nhw ohirio'r pwyllgor i'r oglau gael
clirio. Ond doedd neb yn gwybod pwy wnaeth.

Y diwrnod wedyn, a minnau efo un ar ôl, dyma ei
gollwng hi wrth y cloc yr oedden ni'n ei ddefnyddio i 'glocio
i ffwrdd' cyn mynd adra. Yng nghefn y ciw yr oeddwn i, a
dyma rhywun yn gweiddi 'Pwy sy' wedi rhechan?' Roedd yr
oglau yn annioddefol ac mi redodd pawb allan i'r iard ac
adra heb glocio. Phlesiodd hyn ddim o gwbl, ac mi fu'n
rhaid i mi gyfadda mai fi wnaeth a gaddo peidio gwneud
peth mor wirion eto.

Bob blwyddyn bron, roedd teulu'r wraig yn dod i lawr
am wythnos o wyliau o'r Almaen. Mi benderfynais fynd â
nhw am bnawn i Lantraeth yn Sir Fôn lle'r oedd rasus
milgwn yn cael eu cynnal. Ar ôl cael rhyw beint neu ddau mi
wnes i gymryd yn fy mhen i brynu milgi am bymtheg punt,
er bod Barbara wedi fy siarsio i beidio. Ond roeddwn i'n ei
weld o'n beth mor ddel. Roedd y wraig yn disgwyl ar y pryd
ac yn gwybod yn iawn mai hi fyddai'n cael y gwaith i gyd
efo fo. Ac mi oedd yna waith. Roedd o'n gwneud ei fusnes
yn y tŷ, crafu drysau a gwneud bob mathau o bethau y bydd
cŵn bach yn eu gwneud. Doedd yna ddim dal arno fo.
Roedd o'n llawn bywyd ond roeddwn i wrth fy modd efo fo.
Yn y diwedd, mi gefais ordors i fynd â'r milgi i'r gwaith efo
fi. Doedd hynny ddim i fod, wrth gwrs, felly dyma ofyn i
Robin, y *chargehand*, a oedd hi'n iawn efo fo.

Y bore hwnnw, roeddwn i wedi sylwi nad oedd yr hen gi
yn bwyta yn debyg i ddim, a dyma roi *Weetabix* iddo i drio.
Mi fwytodd hwnnw'n iawn, felly i ffwrdd â ni am y gwaith.
Roedd Robin yn ddyn mawr cryf ac yn llenwi'r sedd flaen.

'Dach chi'n meindio i'r ci eistedd ar eich glin?' medda fi.

'Iawn,' medda hwnnw.

Mi fu'n rhaid i mi fynd allan yn Llanfairpwll i nôl papur
newydd, a phan ddois yn ôl, roedd Robin o'i go'.

'Ma'r sglyfath ci yma wedi chwydu ar fy mhen i!'

Roedd yna lwmp mawr o *Weetabix* yn stemio ar ei lin o.
Wyddwn i ddim be i ddweud, ond doedd fiw chwerthin.

'Ma'n rhaid ei fod o'n un sâl am deithio,' meddwn i.

Chafodd y ci ddim dod efo ni wedyn am dipyn ond ar ôl
i bethau wella, mi gafodd ail gyfle, a dod efo ni am ochrau

Trawsfynydd. Fan'no'r oeddwn i yn brolio efo'r hogia fel roedd y ci wedi altro a'i fod o'n gwrando'n reit dda erbyn hyn. Dyma stopio am baned cyn dechrau a rhoi'r milgi allan. Y peth cynta wnaeth o oedd rhedeg fel peth gwirion ar ôl defaid. Mi redais inna' ar ei ôl o rhag i ni fynd i firi efo'r ffarmwr, ond doedd o'n gwrando dim. Mi fu'n rhaid i mi ei roi o i ffrind i mi yn y diwedd, ac mi gafodd o gartre da.

Un o'r pethau gwaetha ynglŷn â gweithio ar y peilons oedd bod i fyny yn gwynt. Ella ei bod hi'n llonydd ar y llawr, ond yn fyd gwahanol pan oeddan ni wedi cyrraedd y top, yn enwedig yn Sir Fôn. Mae'n siŵr mai dyna pam oedd cynifer o felinau gwynt yno.

Roedd Anti Mair yn byw yng Nghaernarfon. Hen ferch oedd hi, ac yn ddynes hoffus ofnadwy. Mi alwais yno i'w gweld un diwrnod a dyma hi'n gofyn sut oedd y gwaith yn mynd. Mae'n rhaid fy mod i wedi bod i fyny yn y gwynt drwy'r dydd, a 'ngwyneb i'n goch.

'Iawn,' meddwn i, 'Ond bod yr hen wynt yma yn fy lladd i.'

Mi ddywedodd wrtha' i fod yn fwy gofalus be oeddwn i'n ei fwyta yn fy oed i! Wnes i ddim trio egluro iddi.

Rydw i'n cofio dod i lawr o ben peilon un diwrnod a'r tywydd mor oer nes fy mod yn crio bron iawn. Dyma'r ffarmwr caredig yma yn cynnig i mi fynd i'r tŷ i g'nesu a chael paned o de. Roedd golwg ofnadwy ar gowt y ffarm a phan aethom i'r tŷ, roedd yna fwy o olwg wedyn. Welais i erioed y ffasiwn lanast, a'r lle yn llawn o fwg. Mi fedron ni yfed y te rhywsut, ond erbyn i ni fynd i'r Land Rover roedd Robin â'i ben allan drwy'r ffenest gefn yn cyfogi.

Roedden ni'n ffrindia mawr efo Robin, y *chargehand*, ond mi gafodd o fyd garw efo Wil a fi a'r holl gastia a'r pryfocio. Bob chwe mis, roedden ni'n cerdded y peilons o un pen i'r llall yn chwilio am ddifrod ac un tro, roedden ni wrth ymyl Trawsfynydd yn barod i gychwyn allan. Ar y pryd, roedden ni fel criw yn gwneud cystadleuaeth *Spot the Ball* ac yn defnyddio 'pad' inc a theclyn stampio arbennig efo tua dau gant o groesau arno. Be wnaethon ni ond rhwbio binocwlars Robin ar y 'pad' a dweud wrtho ein bod ni'n gweld difrod ar un o'r tyrau.

'Yn lle 'da?' medda Robin, a'u codi nhw at ei lygaid.

'Wela i ddim byd!'
Pan dynnodd o'r binocwlars roedd cylch du o gwmpas bob llygad. Mi roedd un ochr wedi dod allan yn gryfach na'r llall, felly roedd o'n edrych yr un fath yn union â phanda. Roedd Robin yn ddyn undeb mawr ac un diwrnod roedd o'n mynd drwy'i betha ac wedi gwylltio'n ofnadwy am rywbeth.
'Dwi'n ffônio'r undeb rŵan!' medda fo. 'Oes yna rywun yn gwybod y rhif?'
'Oes, fi,' medda Wil.
Roedd hwnnw'n darllen y papur lleol ar y pryd, a dyma fo'n rhoi rhif iddo o'r dudalen hysbysebion.
Mi ffôniodd Robin yn syth a phwy atebodd ond busnes angladdau lleol. Wydda' fo ddim beth i'w ddweud pan atebon nhw 'Undertakers, Caernarfon!'
Erbyn hyn, roedd Ron Evans o Fethesda wedi dechrau efo ni fel *mate*, a'r llinellwyr eraill oedd Huw Môr, Elwyn Roberts a Geoff Howard. Ymhellach ymlaen fe ddaeth John Andrew, Phil Lloyd a David Oliver, a bu Gareth, mab Robin, efo ni am gyfnod cyn ymfudo i Awstralia.
Geoff oedd yr unig Sais yn y criw ac roedd o'n hogyn smart, tua thri deg wyth oed. Ar ôl bod yno am rhyw ddwy flynedd mi gafwyd hyd i'w gorff yn ei wely yn y bore, wedi ei wenwyno gan dân nwy, dwi'n meddwl.
Ond cymeriad y giang oedd Elwyn. 'Felix' oedd ei ffugenw ac roedd yntau yn hogyn golygus efo gwallt melyn a phawb yn hoff ohono. Roeddwn i wedi cymryd diwrnod o'r gwaith ac yn gwrando ar y radio pan glywais fod llinellwr trydan wedi ei ladd ym Mhentir. Pan glywais mai Elwyn oedd o, aeth ias oer trwof, a'r ofn mwyaf ofnadwy. Roeddwn i wedi dychryn wrth feddwl pa mor beryglus oedd y gwaith oedden ni'n ei wneud. Ond roedd hi'n llawer gwaeth ar yr hogia oedd efo fo ar y pryd ac ni fu llawer o sgwrs rhwng neb am hir iawn wedyn.
Am y tro cyntaf ers i mi ddechrau efo'r Bwrdd Trydan, roeddwn i'n meddwl o ddifri a oeddwn i yn y lle iawn. Meddyliais am fynd yn ôl i'r môr ac mi fûm yn gweld ffrind i mi, Myrddin Roberts, oedd yn gweithio fel prif stiward ar gychod Caergybi. Ond am nad oedd fy enw i lawr ar y pŵl yn Lerpwl, chawn i ddim mynd. A hyd yn oed wedyn, roedd

yna bosibilrwydd y byddwn yn cael fy ngyrru dramor am
fisoedd. Yn y diwedd, fe lwyddodd yr hogia i 'mherswadio
i beidio bod mor wirion â rhoi'r gorau i ngwaith.

Gyda llaw, roedd Myrddin wrth ei fodd yn dweud
hanesion am y Felinheli, ac fel yr oedd y lle wedi newid dros
y blynyddoedd. Ymhellach ymlaen, fo roddodd y syniad yn
fy mhen i ysgrifennu'r gân am Dafarn y Garddfôn.

Erbyn hyn, roedd hi'n 1982 a phethau'n mynd yn dda efo
Traed Wadin, ond doedd hi ddim yn hawdd cadw'r balans
rhwng y gwaith a'r canu. Roedd yn rhaid trio dengid o le
bynnag yr oeddwn yn gweithio i gael mynd i ganu gyda'r
nos. Weithiau roeddwn yn poeni drwy'r dydd yn meddwl
tybed a fedrwn i gyrraedd lleoedd fel Abertawe neu
Gaerfyrddin mewn pryd. Ond roedd y canu yn y gwaed, a
ninnau ar y brig.

Cymeriadau ar y naw oedd y criw a ddeuai i baentio'r
peilons unwaith y flwyddyn. Mi faswn i'n fodlon trio
unrhyw fath o waith, ond fedrwn i byth wneud y job honno.
Roedd llawer o'r hogia yma wedi bod yn y carchar ac yn
llawn triciau. Er bod y peilons i fod i gael tair côt o baent, mi
fydden nhw'n gwneud unrhyw beth i roi dim ond un.
Roedden nhw'n baent o'u corun i'w sawdl ac yn golchi eu
cyrff efo paraffîn ar ddiwedd y dydd. Paent arbennig oedd
yn cael ei ddefnyddio, a hwnnw'n dew, felly roedden nhw'n
rhoi tiwb beic am eu canol a'i lenwi efo *thinners* i'w deneuo
ar ôl dringo'r peilon. Os nad oedden nhw'n wedi cymryd
atoch, mi fydden nhw'n troi tun paent ar eich pen a dweud
mai damwain oedd o.

Er bod y gwaith yn beryglus, roedd rhai ohonyn nhw'n
yfed yn drwm iawn ac mi fu'n rhaid i mi ddweud wrth un
nad oedd o'n cael mynd i fyny'r tŵr yn y fath gyflwr.
Roeddwn i wedi bod yn gweithio efo un ohonynt un
diwrnod ac erbyn y bore wedyn doedd yna ddim golwg
ohono fo; roedd o wedi cael ei ddal yn dwyn yn Blackpool y
noson honno.

Ar ddechrau'r nawdegau, mi ddechreuodd bachgen ifanc
o Ben-y-groes efo ni fel prentis. Roedd o'n gweithio efo John
Andrew a fi fel partneriaid, ac roedd o'n hogyn hoffus
ryfeddol, yn meddwl y byd o John a fi, a ninnau wedi dod
yn ffrindiau mawr efo fo. Bob tro roedd rhywun ifanc yn

dechrau efo ni, roeddwn yn gwneud fy ngorau i'w groesawu a'i wneud mor hapus â phosib, oherwydd fy mod yn cofio'r amser a gefais i pan oeddwn yn fengach. Yn anffodus, ar ôl bod efo ni am ddwy flynedd, fe aeth Glyn yn sâl efo lewcemia ac mi gollodd y frwydr yn un ar hugain oed. Roedden ni fel teulu bach ac yn teimlo'r golled yn ofnadwy.

Roedd hogia Pentir yn gwybod amdanaf yn iawn erbyn hyn ac wedi deall sut i 'nghael i fynd. Roedden ni'n gweithio ar dir fferm geffylau yn Sir Fôn unwaith, a dau neu dri ohonynt wedi cyrraedd o 'mlaen i. Dyma nhw'n siarsio rhyw dri neu bedwar o ffermwyr oedd ar y cowt i dynnu arna' i a gweld a faswn i'n cymryd yr abwyd. Fel roeddwn i'n cyrraedd, dyma un yn dechrau arni a gofyn i mi pwy ddiawl oedd wedi deud wrtha' i 'mod i'n medru canu, a mynd ymlaen ac ymlaen am y peth. Wrth gwrs, mi frathais yn y diwedd a gwylltio. Aeth pethau o ddrwg i waeth ac yn y diwedd, mi neidiais i mewn i'r Land Rover ac i ffwrdd â fi. Roedd yr hogia wrth eu bodd. 'Parry wedi bachu eto!' Ac i wneud pethau'n waeth, roeddwn i wedi neidio i mewn i Land Rover rhywun arall!

Ond roedd y rhan fwya o'r ffermwyr yn iawn ac yn fy adnabod oherwydd eu bod wedi fy ngweld ar y teledu. Roedd hyn yn help garw i ni gael mynd ar y tir i weithio ac yn aml iawn yn cael gwahoddiad i'r tŷ am baned. Ond wedi dweud hyn, roedden ni wedi cael ein rhybuddio i beidio ffraeo efo dim un ffermwr, dim ond gadael os oedd hi'n dechrau mynd yn flêr.

Wrth gwrs, roedd yn rhaid bod yn hynod ofalus pan oeddech chi ar eu tir. Mi fuon ni'n gweithio ar fferm yn Llanfairpwll unwaith, heb sylweddoli bod tarw gwyllt yno. Roedden ni ar ganol y cae pan ddechreuodd y peth mawr yma redeg amdanom. Doedd dim lle i guddio, felly dyma garlamu hanner y cae efo'r twls i gyd yn sownd yn fy melt. Cael a chael oedd hi i gyrraedd y giât, ond mi fu'n rhaid i Alwyn oedd efo fi neidio dros y clawdd i ganol y drain. Mi fu'n rhaid i mi aros adra o ngwaith wedyn am ddau ddiwrnod, wedi ymlâdd yn llwyr.

Os oedd hi'n boeth yn yr haf, mi fyddwn i'n mynd â barbeciw i mewn efo fi, a fi fy hun oedd yn coginio. Roedd y bwyd yn anfarwol a phawb yn bwyta nes ein bod yn methu symud weithiau. Ond er bod popeth i'w weld yn mynd yn dda, mi ddigwyddod rhywbeth yn ystod y cyfnod hwn a wnaeth i mi feddwl o ddifri am y ffordd yr oeddwn yn byw fy mywyd. Roeddwn wedi bod yn mynd yn gyson i ganu mewn cartref i'r henoed yn Llanberis. Doctor adnabyddus yn yr ardal oedd y perchennog ac oherwydd fy mod yn gwrthod derbyn ffi am hyn, mi gefais wahoddiad i fynd am swper efo fo a'i wraig. Mi ddechreuais yfed wisgi yno, ac mi aeth un yn ddau, a dau yn dri nes yn diwedd roeddwn i'n chwil ulw. Yn y diwedd, mi wnes i gael fy hun rhywsut mewn wardrob wrth chwilio am y tŷ bach. Diolch i'r drefn fod Barbara wedi cael hyd i mi yno, neu wn i ddim be faswn i wedi ei wneud. Mi godais y bore wedyn a chael trafferth sefyll, ac wrth fynd allan am y lôn mi ddisgynnais dros y clawdd i'r ardd drws nesa'. Mi heliodd yr hogia fi yn ôl i mewn i'r tŷ, ac i 'ngwely. Dyna pryd y gwnes i benderfynu nad oedd yr yfed yn gwneud dim lles i mi fy hun, na 'mhriodas. Roedd y wraig yn un o fil yn fy nioddef, ac yn bendant, doedd yfed a dringo peilons y bore wedyn ddim yn beth doeth iawn i'w wneud. Felly, dyma roi'r gorau i'r yfed gwirion yn y fan a'r lle. Roedd yr ymweliad â thŷ'r meddyg wedi bod yn ffisig i mi.

Mi wnes i fwynhau'r ugain mlynedd yn gweithio ar y peilons, a gwneud y ffrindiau gorau wnes i erioed. Bu Wil, Phil a Ron yn bartneriaid i mi am ddeng mlynedd, ac wedyn John Andrew, brawd Wil am y gweddill. Fyddai neb yn coelio faint o hwyl gawson ni yn ystod y cyfnod hwnnw. Mi ddaeth dau fachgen newydd i weithio atom ymhellach ymlaen, Mike Till o Gemaes ac Alwyn o Ben-y-groes. Roeddwn yng nghanol y mynyddoedd mewn lle anial efo Alwyn pan oedd o newydd ddechrau. Fedrwn i ddim peidio tynnu arno, a dyma ofyn iddo a oedd rhywun wedi sôn rhywbeth amdana' i wrtho fo.

'Nag oes,' medda fo.

Dyma fi'n troi ato'n hollol ddifrifol a dweud fy mod i'n hoyw, a plîs faswn i'n cael sws. Mi ddychrynodd am ei fywyd a chadw'n ddigon pell oddi wrtha' i am weddill y dydd. Rydan ni'n dal i gael hwyl am y peth hyd heddiw.

Wedi i mi fod yn gweithio efo'r CEGB am tua deuddeg

mlynedd, mi chwalodd Traed Wadin, a minnau erbyn hynny tua deugain oed. Er i mi fynd allan fy hun i orffen y galwadau oedd yn weddill, roeddwn yn teimlo hyn yn straen ofnadwy.

Erbyn hyn, roedden ni'n byw yn Nhan y Maes yn y Felinheli ac un pnawn Sul roeddwn i wedi mynd i fyny'r grisiau pan gefais fy nharo'n sâl. Roedd y lle wedi mynd yn ddu i gyd a disgynnais ar lawr yn yr ystafell 'molchi. Mi fu'n rhaid galw'r meddyg a chefais rybudd ganddo bod yn rhaid i mi newid fy ffordd o fyw ac arafu. Fedrwn i ddim parhau efo'r gwaith a'r canu, felly roedd Traed Wadin wedi gorffen ar yr amser iawn. Ond mae'n siŵr bod hyn i gyd wedi gadael ei ôl arnaf.

Ar ôl ychydig, mi ffeindiais fy mod i'n dioddef 'chydig bach efo fy nerfau. Roedd hyn yn beth diarth iawn i rywun oedd yn llawn bywyd ac yn mwynhau hwyl fel fi. Mi wnes i gael pyliau o chwysu yn ofnadwy a chael pinnau mân yn mynd drwy 'nghorff, a 'nghalon i'n curo'n eithriadol o gyflym. Mi gododd hyn ofn mawr arnaf. Roedd yn rhaid bod yn heini iawn i weithio ar y peilons ac roedd y gwaith yn mynd â hynny o nerth oedd gen i. Fedrwn i ddim rhoi un droed o flaen y llall, ac yn mynd yn syth i orwedd ar fy ngwely ar ôl cyrraedd adref. Mi sylwodd y wraig fod fy ngwddw wedi chwyddo, a mynnu fy mod yn mynd at y meddyg. Erbyn hyn, roeddwn i wedi mynd yn reit sâl ac yn y diwedd mi ddywedwyd wrthyf fod rhywbeth yn bod efo'r 'thyroid'. I wneud pethau'n waeth, mi ddaeth yna iselder drosof. Roeddwn yn cael trafferth wynebu pobol ac yn methu'n glir â mynd i mewn i siopau mawr, neu rywle lle'r oedd yna lawer o bobol; roeddwn yn teimlo bod pawb yn edrych arna' i.

Un tro roedden ni wedi mynd i ffwrdd i weithio i ochrau Preston, a daeth rhywbeth drosta i wrth drafeilio yn y Land Rover. Dyma weiddi ar Wil i fynd â fi i'r ysbyty. Roeddwn i'n meddwl fy mod i'n cael trawiad ar galon ac yn methu byw yn fy nghroen, wedi cynhyrfu'n lân. Fel roedd hi'n digwydd bod, Cymro oedd y meddyg yn yr ysbyty, ac mi ddywedodd yntau mai'r 'thyroid' oedd y rheswm am hyn ond doedd o ddim yn brofiad braf o gwbl.

Felly, ar ôl ugain mlynedd ar y peilons, dyma symud i

swydd arall gan y cwmni yn gweithio ar y ceblau o dan ddaear. Doeddwn i ddim eisiau mynd oddi wrth yr hogia. Mi fuon nhw'n dda iawn efo fi ac yn deall y salwch, ond mi fûm i'n hir iawn yn dod ata' fy hun. Doeddwn i ddim yn edrych yn sâl, a hyd heddiw, mae'n anodd sefydlogi'r peth yn iawn.

Ychydig cyn i mi ddarfod ar y peilons, cefais gynnig gwneud rhaglen ddogfen yn sôn am fy ngwaith bob dydd a'r canu gyda'r nos. Enw'r rhaglen oedd *O Flaen Dy Lygad*, ac mi gafodd fersiwn Saesneg ei ddangos drwy Brydain hefyd. Cafodd hwnnw ei ddarlledu yn hwyr y nos ar BBC 2, mewn rhaglen arbennig am bobol fel Dolly Parton, Johnny Cash, Glen Campbell ac amryw o artistiaid eraill. Ar y pryd, roedd Glen Campbell ar daith yn y wlad yma. Mi lwyddodd Tony Coates o'r *North Wales Chronicle* i gael gafael arno a dweud fy mod i wedi bod ar yr un rhaglen â fo. Wrth gwrs, roedd ganddo fo gân am y *'Wichita Lineman'* ac roedd o wedi synnu bod rhywun yn canu gwlad gyda'r nos ac yn llinellwr trydan yn y dydd.

'I'd sure like to meet this guy,' medda fo, a chefais wahoddiad i'w gyfarfod yng nghefn y llwyfan pan oedd o'n canu yn Llandudno. Roedd hwn wedi bod yn arwr i mi ers blynyddoedd a fedrwn i ddim credu fy mod yn ei gwmpeini. *'Gee,'* medda fo wrth ysgwyd fy llaw, *'A real life lineman!'* Roedd ei berfformiad yn wych ac mi gefais y cyfle i ddysgu un neu ddau o eiriau Cymraeg iddo.

Ond y gwaith bob dydd oedd yn rhoi'r bwyd ar y bwrdd a dechreuais fy ngyrfa newydd yn gweithio efo'r ceblau o dan ddaear. Roedd hwn yn waith unig ac yn golygu gweithio ar fy mhen fy hun y rhan fwyaf o'r amser. Roeddwn yn cydweithio efo Gwyddelod yn aml yn y gwaith yma. Pan sylweddolon nhw fy mod i'n ganwr, roedden nhw wedi gwirioni ac yn dod â chaneuon Gwyddelig i mi wrando arnyn nhw.

Roedd yr hogia yma yn hoff iawn o'u bwyd ac yn bwyta brecwast llawn bob bore, a hwnnw'n nofio mewn saim. Roedden nhw'n gymeriadau llawn hiwmor, a phob math o ddywediadau doniol ganddyn nhw. Mi gafodd un ffrae gan y bòs unwaith, a dyma fo'n dweud *'The only man who does nothing wrong is the man who does nothing at all!'* Dyna i chi sut mae cau ceg rhywun sy'n gwybod mwy na chi.

Roedd y saith mlynedd ar hugain wnes i gyda'r Bwrdd Trydan yn amser da, ond y cyfnod gorau oedd y pymtheg mlynedd cyntaf efo'r *CEGB*. Mi ddechreuodd pethau newid pan ddaeth oes y cyfrifiadur, a'r Grid Cenedlaethol yn cymryd drosodd.

Cefais alwad i'r swyddfa ym mis Mawrth 2003 a chael gwybod bod gwaith y ceblau yn dod i ben. Er i mi gael cynnig mynd yn ôl i ddringo'r peilons, roeddwn i'n 53 oed ac yn teimlo fy mod wedi cael digon ar bob dim. Felly, dyma dderbyn ymddeoliad cynnar a daeth fy nghyfnod o weithio i un o gwmnïau gorau'r wlad i ben. Fedra' i ddim dweud gair drwg amdanynt. Mi wnaethon nhw edrych ar fy ôl i a pharchu'r gwaith yr oeddwn i'n ei wneud. Roeddwn yn gadael i ddechrau gwneud yr hyn roeddwn i eisiau ei wneud erioed, sef mynd yn ganwr llawn amser.

Be Nesa?

Wedi i Traed Wadin ddod i ben, roeddwn i mewn penbleth beth i'w wneud nesa. Ar y pryd, roeddwn i'n barod i roi'r gorau iddi yn llwyr a rhoi'r ffidil, neu'r gitâr, yn y to. Aeth y ffôn yn od o dawel am gyfnod ac oherwydd bod y grŵp wedi darfod, roeddwn innau wedi darfod hefyd, neu felly y teimlwn i ar y pryd. Roeddwn i'n 42 oed ac yn gorfod ystyried fy nyfodol. Dyma benderfynu cymryd chwe mis o seibiant o'r canu i feddwl beth i'w wneud. Ond yna, dechreuodd y ffôn ganu eto, a phobol yn holi pam roeddwn i'n rhoi'r gorau iddi. Un cyfaill wnaeth fy mherswadio i gario 'mlaen oedd Tony Coates o'r *Chronicle*, sydd â diddordeb mawr mewn canu gwlad. Dyma benderfynu rhoi cynnig arni eto, ond oherwydd bod Traed Wadin wedi darfod, doedd gan y cwmnïau teledu ddim diddordeb. Ond wedi dweud hynny, roedd y radio yn dda iawn efo fi.

Cefais alwad gan Tudur Morgan a oedd yn chwarae gyda Mojo ar y pryd. 'Wyt ti ffansi gwneud casét?' medda fo. Roedd Tudur yn gwybod ei stwff ac yn gerddor da. A dweud y gwir, rhaid i chi fynd yn bell iawn i gael gwell gitarydd acwstic. Felly, ar ôl cael caneuon at ei gilydd, draw i Sain â fi unwaith eto, ond y tro yma roeddwn ar fy mhen fy hun. Roedd y rhan fwyaf o'r caneuon wedi eu hysgrifennu gan Neville, a'r gweddill gan Morus Elfryn a Selwyn Griffith, y bardd. Cafodd plant Ysgol y Felinheli ganu efo ni ar ddwy gân.

Rhaid i mi ddweud fy mod yn meddwl bod hon yn un o'r recordiau gorau wnes i. Datblygodd y bartneriaeth rhwng Tudur a fi, a phob hyn a hyn mi fyddai'n dod efo fi i ganu.

Ond roedd bywyd ar y lôn ar fy mhen fy hun yn unig iawn ac oherwydd bod y gwaith Cymraeg wedi tawelu dipyn, dechreuais ganu yn y clybiau Saesneg eto.

Yn ystod recordio 'Am wn i' gyda Tudur, roedd fy mrawd, Andrew, yn dod efo fi i'r stiwdio yn rheolaidd. Ond yn anffodus, fe aeth yn wael, a bu'n rhaid iddo fynd i Ysbyty Christie ym Manceinion. Roedd y teulu yn agos iawn at ei gilydd a wna' i byth anghofio'r profiad hwnnw o aros ar ein traed drwy'r nos yn yr ysbyty. Roedd dewrder ei gariad, Karen tuag ato yn anhygoel, ac rydw i'n cofio 'nhad yn dweud y byddai'n well ganddo fynd yn ôl i Burma na mynd drwy hyn. Mi ddois yn agos iawn at Andrew yn y flwyddyn yr oedd yn wael, a byddwn yn mynd i'r ysbyty i ganu ato efo'r gitâr. Roedd o'n mwynhau miwsig yn ofnadwy.

Yn anffodus, bu farw Andrew yn 1989 ac yntau ond yn ddwy ar hugain oed. Fedrwn i ddim credu'r peth ac fe dorrodd 'nhad ei galon. Roedd o fel petai wedi bod yn gryf tra oedd Andrew yn sâl, ond dydw i ddim yn meddwl y bu erioed yn iawn wedyn. Wnaeth o ddim symud rhyw lawer o'r tŷ a newidiodd 'nhad o fod yn ddyn llawn bywyd i fod yn ddyn hynod ddigalon ac roedd yn anodd ei gael i siarad. Mi fuon ni fel teulu yn hir iawn yn derbyn y peth, ond o leia' roedd gennym ni deuluoedd i fynd adra atynt.

Rhyw dair blynedd wedyn, bu farw 'nhad a thad y wraig yn sydyn tua'r un amser.

Er bod hwn eto yn gyfnod anodd iawn i ni fel teulu, roedd y canu yn parhau ac mi gafodd Sain y syniad i mi fynd o gwmpas siopau *Woolworths* Cymru yn gwerthu'r casét 'Am wn i'. Fe weithiodd hyn yn dda yn y gogledd, ond heb fod cystal yn y de. Roeddwn i yn *Woolworths* Casnewydd pan ddaeth merch ifanc tua deuddeg oed ataf i brynu casét. Ymhen pum munud wedyn mi ddaeth yn ôl i brynu un arall. Pum munud wedyn, dyma hi'n ei hôl a gofyn i mi fynd allan efo'i mam hi! 'Dim diolch,' meddwn i. Roedd y byd canu yn llawn temtasiynau!

Dechreuais ganu mewn mwy a mwy o glybiau Saesneg; ac wrth ganu un noson, sylwais fod boi o'r enw Michael Rowe yn y gynulleidfa. Roedd hwn wedi ysgrifennu'r miwsig i'r *Big Friendly Giant* ac yn cael ei ystyried yn reit uchel yn y byd recordio yn Lloegr. Gofynnodd a oedd gen i ddiddordeb mewn gwneud casét Saesneg. Fe ysgrifennodd ychydig o ganeuon ac i mewn i Sain â ni unwaith eto i recordio *Country Rain*. Roedd dau yn cynhyrchu, Michael Rowe a Tudur Morgan, ac er nad oedd yn cael ei chwarae ar y radio, mi werthodd y casét hwnnw cystal â'r un Cymraeg.

Erbyn hyn, roedd Neil y mab tua phymtheg oed ac yn dod efo fi am dro yn reit aml pan oeddwn yn canu. Roedd o wedi dechrau cymryd diddordeb mewn chwarae gitâr pan oedd o'n Ysgol Tryfan, ac wedi dechrau grŵp a oedd yn cynnwys ei ffrind, Gareth Evans o Fangor. Mi ddechreuodd Gareth ddod allan efo ni i roi help llaw efo cario'r gêr ac ati. Ymhen ychydig, mi ddaeth i chwarae gitâr i mi a rhaid i mi gyfaddef ei fod erbyn hyn yn un o'r rhai gorau am chwarae yn steil canu gwlad. Wedyn dechreuodd Neil ganu rhyw dair cân efo fi, a dysgodd chwarae bas. Roeddwn i'n cael digon o waith unwaith eto ond doedd yna ddim llawer yn y byd canu gwlad Cymraeg.

Ond yna, mwya' sydyn, daeth John ac Alun yn boblogaidd efo'r gân 'Chwarelwr' a dyma'r drws yn agor unwaith eto i bawb.

Daeth y galwadau ffôn yn gofyn am Dylan a Neil i berfformio dros Gymru. Dechreuodd Sain wneud y Nosweithiau Canu Gwlad yn y Theatr yn Llandudno ac aeth pethau o nerth i nerth. Ond eto, roeddwn yn gweld y gwaith teledu yn brin iawn, yn enwedig o'i gymharu â Traed Wadin. Wedi dweud hynny, roedden ni mor brysur â neb. Yna, cawsom ymuno â'r gitarydd enwog Albert Lee ar raglen deledu yng Nghaerdydd, a symud ymlaen yn 1994 i wneud ein casét cynta efo'n gilydd, sef cân a ysgrifennwyd gan Glyn Roberts o Bwllheli, 'Heli yn y Gwaed'. Fe ysgrifennodd Glyn amryw o ganeuon i ni wedyn ac mi ddois yn ffrindiau mawr efo fo dros y blynyddoedd. Yn dilyn hyn fe ddaeth 'Hen Wlad Llŷn' a 'Goreuon Dylan a Neil a Traed Wadin'.

Roedd y dyddiadur yn llawn unwaith eto a minnau'n cael y cyfle i gyflwyno Neil i'r bobol oedd wedi dilyn Traed Wadin am yr holl amser. Daeth y cyfle i ymweld â hen gyfeillion ledled Cymru, a gwneud ffrindiau newydd wrth deithio'r wlad yn canu.

Mi fu Barbara a minnau yn gweld Ken Dodd yn perfformio yn Theatr Llandudno un noson, ac rydw i'n cofio dweud wrthi ar y ffordd adra na fyddwn i byth yn cael y cyfle i ganu yn y fath le. Ond siŵr i chi, mi gefais wahoddiad yno i ganu yn 'Gwlad y Gân' bedair blynedd yn olynol.

Ond yn anffodus, mi brofodd un ymddangosiad yn anodd iawn i mi, a hynny oherwydd i Neil golli ei iechyd.

Salwch Neil

Pan darodd ei salwch, roedd Neil yn byw yng Nghaernarfon ac wedi priodi gyda phedwar o blant, Natalie, Stephanie, a'r efeilliaid, Catrin a Ffion. Roedd ei ddiddordeb mewn canu yn mynd yn ôl i ddyddiau ei blentyndod ac roedd o wedi arfer fy nghlywed i yn ymarfer yn nyddiau Traed Wadin. Weithiau, roedd o'n cael dod efo ni i ambell gyngerdd mewn neuadd heb fod yn rhy bell.

Roeddwn i'n falch iawn pan ddechreuodd ei ddiddordeb mewn canu gwlad. Mae Neil yn hoff iawn o'r dull modern o ganu gwlad, a'i ffefrynna yw Shania Twain, Leanne Rimes, Ricky Scags, Clint Black a Garth Brooks. Mi gefais i fy magu yn oes y *Country and Western*, efo Johnny Cash, Marty Robbins, Hank Williams ac yn y blaen sy'n cael ei alw yn *Country Music* heddiw.

Roedd Neil tua deunaw oed yn dechrau efo fi, ond doeddwn i ddim am ei weld yn gwneud gormod ar y dechrau, felly roedden ni'n mynd allan rhyw unwaith yr wythnos. Mae o'n llawer distawach na fi, yn debycach i'w fam yn ei ffordd ac yn tueddu i feindio ei fusnes ei hun. Dydi o chwaith ddim yn gwynwr.

Ond wedi i ni fod ar y lôn am rhyw ddwy flynedd, mi ddechreuodd gwyno nad oedd o'n teimlo'n dda, a phob math o rhyw fân broblemau arno. Mi fu yn yr ysbyty ym Mangor yn cael gwahanol brofion ond roedd y salwch yn gwaethygu. Roedd yn pasio gwaed ac yn gwanhau gan ei fod yn gorfod mynd i'r tŷ bach tua ugain gwaith y dydd. Roedd o i mewn ac allan o Ysbyty Gwynedd bob rhyw ddwy neu dair wythnos yn cael gwaed, ac yn y diwedd soniodd fy modryb y dylwn fynd â fo i Lerpwl i weld rhywun. Trefnwyd iddo fynd i Ysbyty Lourdes at arbenigwr. Ysbyty annibynnol sy'n cael ei rheoli gan leianod ydi hon. Mae amryw o rai tebyg dros y byd yn helpu pobol dlawd neu dan anfantais efo tua phum cant o leianod yn gweithio ynddynt. Daeth gŵr o'r enw Dr Hershman i'n cyfarch, yn edrych yn bwysig wedi ei wisgo mewn brethyn da a thei-bo goch. Roedd o wedi dychryn gweld Neil. Dywedodd yn blwmp ac yn blaen ei fod yn ŵr ifanc sâl iawn a'i fod am drefnu iddo fynd i mewn i'r *Royal* yr wythnos wedyn.

Prin fod Neil yn gallu cerdded erbyn hynny a'i bwysau wedi gostwng i lawr o ddeuddeg stôn i ychydig dros wyth. Hyd heddiw, mae arna i ofn meddwl beth fyddai wedi digwydd tasen ni heb fynd i weld y dyn hwnnw.

Aethom â fo adra dros y penwythnos ond ymhen dau ddiwrnod roedd o wedi gwaethygu. Mi gawson ni alwad yn dweud ei fod yn gorfod mynd i mewn i Ysbyty Gwynedd yn syth, a phan gyrhaeddodd y wraig a fi roedd yr ambiwlans o flaen y tŷ. Roedden ni wedi dychryn ei weld. Ar ôl cyrraedd Bangor, cafodd waed eto a ffônio Lerpwl i drefnu gwely iddo. Cafodd ei anfon yno yn syth mewn ambiwlans â golau glas, a ninnau fel teulu y tu ôl iddynt.

Daeth meddyg o'r enw Mr Rooney ato yn fan'no a dweud eu bod am wneud profion yn syth. Ymhen ychydig oriau fe gafwyd y canlyniadau. Roedd salwch o'r enw *ulcerated colitis* arno, sy' rhywbeth yn debyg i glefyd *Crohns*. Roedd ganddo driniaeth fawr o'i flaen, tua saith awr i gyd, a oedd yn golygu tynnu'r rhan fwyaf o'r coluddyn a chael yr hyn roedden nhw'n ei alw'n *ileostomy*. Maen nhw'n dweud mai dim ond rhyw un o bob mil sy'n dioddef o'r afiechyd hwn ym Mhrydain.

Wrth gwrs, roedd hyn i gyd yn golygu bod yn rhaid i Barbara a fi fynd i aros yn Lerpwl. Unwaith eto, roeddwn i'n ddiolchgar bod gen i fôs a chydweithwyr da. Roedd John Peers, chwarae teg iddo, wedi dweud wrtha' i gymryd hynny yr oeddwn ei angen o amser o'r gwaith, ac yn fy ffônio bob nos i holi sut yr oedd pethau. Mi gawson ni aros efo'r teulu, sef Catherine a Les, oedd yn tu hwnt o ffeind efo ni. (Mae Bob, sy'n canu efo fi erbyn hyn, yn fab iddyn nhw.)

Ar ôl ei driniaeth, fe gawson ni fynd i'w weld yn yr uned gofal dwys. Roedd arna' i ofn mynd am fy mywyd, a phan welais i'r holl beipiau yn dod ohono mi es yn wan fel cath. Roedd yna nyrs yn gafael yn ei law ac yn sychu ei dalcen neu wlychu ei geg bob hyn a hyn. Rydw i'n cofio meddwl ei bod hi fel angel fach. Mi ddywedodd wrthom am siarad efo fo, ond ar ôl rhyw ddeg munud daeth rhyw deimlad rhyfedd drosta' i ac mi fu'n rhaid i mi fynd allan a thorri i lawr. Felly y bu hi wedyn drwy'r dydd, mynd i mewn am gyfnod ac yna gorfod mynd allan. Aeth hyn yn ei flaen am dridiau a wnaethon ni ddim cysgu winc nes iddo gael ei symud i'r ward.

Yng nghanol hyn i gyd, roedd Neil a fi wedi cael gwahoddiad i ganu yn *Gwlad y Gân* yn Llandudno. Doedd dim gobaith i Neil allu mynd, a doeddwn i ddim eisiau eu siomi, felly mi benderfynais ddod adra o Lerpwl er mwyn gwneud y noson. Roedd y band yn fy adnabod yn dda, yn enwedig Tudur Morgan oedd wedi cynhyrchu'r caneuon, felly roeddwn i mewn dwylo da.

Am rhyw reswm, roedd O.P. Huws, Sain wedi cymryd yn ei ben mai fi oedd i agor y noson, am fy mod yn un da am gynhesu cynulleidfa, medda fo. Galwais adra cyn mynd i'r theatr. Roedd tua hanner cant o alwadau ar y ffôn a phawb yn holi am Neil. Cyflwynodd John Ogwen fi, yna allan â fi ar y llwyfan gan drio dangos bod pob dim yn iawn. Ond drwy'r amser, roeddwn i'n gweld Neil o fy mlaen. Wedi i mi orffen, daeth Jonsi allan a chyflwyno tystysgrif i mi am y cyfraniad roeddwn i wedi ei wneud i ganu yng Nghymru. Wrth gwrs, roedd hyn yn sioc, ac yn mynd at fy nghalon, ac mi gefais i waith peidio â thorri i lawr ar y llwyfan. Ond y tu ôl i'r llwyfan, mi ffeindiais rywle distaw a chrio fel babi. Eto i gyd, roeddwn i'n falch fy mod i wedi gallu gwneud y noson.

Ar y pryd, doeddwn i ddim yn adnabod Jonsi yn dda iawn, dim ond yn ei gofio yn gweithio mewn siop gerddoriaeth ym Mangor ac yn gwneud y cylch Saesneg yr un pryd â fi efo'i ddisco. Roedd Barbara yn ei gofio'n iawn am ei bod yn yr un dosbarth â fo yn yr ysgol. Dydw i ddim yn meddwl bod yna un diwrnod wedi mynd heibio heb i mi gael galwad ffôn ganddo, weithiau ddwywaith y dydd, tra buon ni yn Lerpwl. Dyna pam dwi'n meddwl i ni ddod yn ffrindiau mor dda, ac mae'n siŵr mai dyna pam mae o'n tynnu 'nghoes mor aml ar y radio. Ond wrth gwrs, pan fyddwn ni allan mewn cyngherddau mi fydd yntau'n ei chael hi'n ôl gen i!

Mi fu pobol y cyfryngau i gyd yn dda iawn efo ni drwy'r cyfnod anodd hwnnw. Roedd Idris Charles yn galw'n aml, John ac Alun, Broc Môr, a Iona ac Andy yn galw i weld Neil yn Lerpwl. Does dim rhaid dweud bod y teulu a ffrindiau wedi bod yn hynod o dda.

Mi gafodd tua thri chant o gardiau i gyd a'r nyrsus yn tynnu arno a'i alw'n *famous Welsh singer*, er ei fod o'n cael trafferth garw i ddeall eu hacen nhw. Ond mi fu amryw o bobol yn ffeind efo fo. Roedd yna ŵr o Lerpwl o'r enw Emrys Owen wedi clywed ar raglen Jonsi bod Neil yn yr ysbyty. Roedd o'n athro yn y ddinas, ond yn wreiddiol o Ben Llŷn, ac mi fu'n mynd i edrych am Neil bob dydd. Mae gennym ddyled fawr iddo fel teulu am fod mor driw, ac os oedd y wraig a minnau'n mynd adra bob hyn a hyn, mi fyddai Emrys yn rhoi galwad i ni yn ddi-ffael i ddweud sut yr oedd pethau. Rydan ni'n dal i gadw cysylltiad ag Emrys, ac ar ôl i Neil wella dipyn, mi fuon ni'n cadw noson iddo yn y *Blue Coat Chambers* yn Lerpwl.

Ar ôl rhyw ddwy neu dair wythnos, mi fu'n rhaid i mi fynd yn ôl i'r gwaith, ond cefais ganiatâd i adael tua thri o'r gloch y pnawn er mwyn teithio i Lerpwl ac aros yno tan tua naw. Roedd gwneud hyn bob dydd ac aros yno dros y penwythnos yn flinedig ofnadwy.

Ond ymhen rhyw chwe wythnos fe gafwyd problem arall. Roedd cefn Neil wedi cloi ac yntau'n methu symud. Cafodd ei symud i ward arall am bythefnos ac yna yn ôl i Fangor. Doedd o ddim yn gallu cerdded o gwbl, ond efo help a ffisiotherapi mi lwyddodd i ailddysgu cerdded fel babi. Ymhen mis, roedd o'n mynd o gwmpas efo pulpud cerdded, ac ymhellach ymlaen efo dwy ffon. Drwy'r holl amser hwnnw, chlywais i erioed mohono'n cwyno, dim ond cymryd pob dim oedd yn dod iddo. Pan ddywedais i wrtho un diwrnod ei fod yn ddewr iawn, ei ateb oedd 'Does gen i ddim dewis'.

Wrth iddo wella'n o lew, roeddwn i wedi ailddechrau mynd allan i ganu ar fy mhen fy hun rhyw unwaith y mis, dim ond i gadw'r peth i fynd. Pe bawn i wedi rhoi'r gorau iddi'r adeg hynny, yna fyddwn i byth wedi dechrau'n ôl, ac wrth gwrs, roeddwn yn gwybod bod Neil yn mwynhau cymaint.

Dros y ddwy flynedd wedyn, cafodd Neil dair llawdriniaeth fawr yn Lerpwl ac ar un adeg yn ystod y drydedd, roedden ni'n poeni am ei fywyd. Ond daeth o drwyddi, a gallu mynd yn ei ôl at y genod ac at ei waith yn

Euro DPC. Dydw i ddim yn meddwl y bydd o byth yn gant y cant ar ôl yr holl driniaethau, ond diolch i'r drefn ei fod o wedi gwella cystal. Rydw i'n edmygu ei ddewrder a'i benderfyniad i gario 'mlaen.

Mi fyddwn ni'n dewis lle'r ydan ni'n mynd i ganu erbyn hyn. Mae bod allan tan un neu ddau yn y bore wedi hen basio ac mi fyddwn ni'n mynd rŵan i leoedd rydan ni'n eu mwynhau.

Mae'r meddygon yn dal i gadw llygad ar Neil ac mi fyddwn ni'n cael trip i weld Mr Rooney a'r weinyddes Eunice Garforth bob rhyw dri mis. Un o'r cwestiynau cyntaf fydd *'How's the music, Neil?'*.

Maen nhw'n gwybod yn iawn, os ydy Neil yn dal i ganu, mae yna obaith.

Y Blynyddoedd Diweddar

Yn yr union gyfnod tra oedd Neil yn yr ysbyty, mi welodd gwraig Bob, fy nghefnder, hysbyseb am dŷ ar werth yn Waunfawr. Mi gofiodd mai i'r fan honno yr oedd yn arfer mynd ar ei wyliau pan oedd yn blentyn, felly mi ddaethon nhw i weld y lle a gwirioni'n syth.

Mae Bob wedi bod yn gerddor llawn amser ar hyd ei oes, a dechreuodd ei ddiddordeb yng ngyfnod y *Beatles* a'r *Merseybeats*. Rydw i'n cofio galw i'w weld pan oeddwn i tua phedair ar ddeg oed, a dyma fo'n cynnig mynd â fi i'r *Cavern* am y pnawn. Wrth gwrs, roeddwn i wedi gwirioni, ond heb fod yn siŵr lle'r oedden ni'n mynd chwaith, oherwydd ymhellach ymlaen y daeth y lle yn enwog. Yr hyn rydw i'n ei gofio am y *Cavern* ydy ei fod o fel twnnel ac ogla disiffectant ofnadwy yno.

Er bod tad a mam Bob wedi ceisio'i berswadio i gymryd rhyw fath o brentisiaeth, roedd o'n benderfynol mai cerddor yr oedd o am fod. Felly mi wnaethon nhw gytuno ar yr amod ei fod o'n gwneud hynny'n iawn ac yn mynd i'r coleg. Mi fu'n astudio yng Ngholeg Cerdd Lerpwl am ddwy flynedd, a phasio efo'r piano a'r gitâr glasurol. Aeth i Lundain wedyn a bu'n chwarae yng nghlwb jas Ronnie Scott. Pan oedd o'n eistedd yn y stafell wisgo un noson, pwy gerddodd i mewn ond ei arwr mawr, Paul McCartney, oedd wedi clywed fod yna hogia o Lerpwl yn chwarae yno.

Aeth Bob ymlaen i wneud hysbysebion gyda Granada TV ac fe ysgrifennodd y gerddoriaeth ar gyfer *Tall Ships* i Gerddorfa'r *Liverpool Philharmonic*. Aeth hon i rif 4 yn siartiau *Classic FM*. Wedyn, mi ysgrifennodd y gerddoriaeth i'r *Battle of the Atlantic* ar gyfer Côr Hallé. Mae'r gwaith a wnaeth ar gyfer yr hysbysebion teledu yn cael ei chwarae dros y byd hyd heddiw.

Mi fu'n chwarae fel 'dyn sesiwn' i nifer o grwpiau mwyaf poblogaidd y cyfnod, a bu ar raglenni fel *Top of the Pops* amryw o weithiau. Ond penderfynodd pan oedd yn hanner cant oed ei fod yn byw bywyd rhy brysur a'i fod am arafu. Felly, symudodd i Waunfawr i fyw ac wrth fy mod yn gwneud ambell noson ar fy mhen fy hun, mi gynigiodd Bob

ddod allan efo fi yma ac acw. Roedd o'n gwybod fy mod i
wedi bod yn cyfansoddi alawon ers dipyn a gofynnodd i mi
pam nad oeddwn i'n ysgrifennu'r geiriau hefyd. Doeddwn i
erioed wedi trio a dweud y gwir, felly am nad oeddwn i'n
gwneud llawer ar y pryd, dyma roi fy mhen i lawr a rhoi
cynnig arni.

Roedd fy ffrind, Myrddin, wedi cychwyn fy niddordeb
yn hen hanes y Felinheli drwy sôn am hen longau megis yr
Enid a'r *Elidir* ac fel yr oedd pethau wedi newid efo'r marina
newydd. Penderfynais beidio ysgrifennu am y pentref ei
hun, ond yn hytrach am y tŷ tafarn lleol, sef Tafarn y
Garddfôn. Roeddwn i'n hanner meddwl na fyddai'r gân
honno'n gwneud dim byd ohoni, ond mae hi fel anthem yma
yn y Felin a daeth dros Gymru i ofyn amdani. A dyna
ddechrau cael blas ar ysgrifennu fy hun.

Gyda llaw, mae Bob wedi sefydlu ei hun fel cynhyrchydd
gyda Stiwdio Gwynfryn yn Waunfawr erbyn hyn, a pheth
braf i mi yw ei weld yn defnyddio ei brofiad helaeth i hybu
talentau ifanc a'u rhoi ar ben ffordd yn y busnes.

Tafarn y Garddfôn

Eistedd ar lan y Fenai
A meddwl am a fu,
Wrth weld y llongau'n hwylio
I'r Felin hefo'r lli,
Cefais hanes gan y bechgyn
Fel hyn mae pawb yn sôn,
Wrth sgwrsio dros rhyw beint neu ddau
Yn Nhafarn y Garddfôn.

Cytgan:
Felly mae yr hanes
Felly mae y sôn,
Wrth sgwrsio dros rhyw beint neu ddau
Yn Nhafarn y Garddfôn.

Ond mae'r amser wedi newid,
Mae'n oes y ffacs a'r teliffôn,

Dim Enid na'r Elidir
Yn pasio Ynys Môn.
Roedd 'na hanner cant o ferched
Yn canu yn y côr,
Teulu Dob oedd ar y cychod
I lawr ar lan y môr.

Cytgan:
Felly mae yr hanes
Felly mae y sôn,
Wrth sgwrsio dros rhyw beint neu ddau
Yn Nhafarn y Garddfôn.

Dim mwy o sŵn y llechi
Dim mwy o sŵn y lli,
Ac erbyn hyn mae *bypass*
Yn mynd heibio ein tŷ ni.
Mae'r marina yn y pentre
Palas Pinc ar ben y bryn,
Mae'r Felin yn lle diarth
I'r henoed erbyn hyn.

Cytgan:
Felly mae yr hanes
Felly mae y sôn,
Wrth sgwrsio dros rhyw beint neu ddau
Yn Nhafarn y Garddfôn.

Geiriau: Dylan Parry
Alaw: Dylan Parry/Bob Galvin

Roeddwn i'n gwylio'r rhaglen *Dechrau Canu, Dechrau Canmol* un noson, a hwnnw'n dod o Melbourne, Awstralia. Flynyddoedd ynghynt, roeddwn i wedi bod yn yr un capel ac mi welais bobol yr oeddwn i'n eu hadnabod yn y gynulleidfa. Mi ffôniais Nia Roberts ar ei rhaglen radio ac ymhen yr awr, roeddwn i'n siarad efo nhw ar y ffôn.

'Pam na wnewch chi sgwennu cân am Awstralia?' medda Nia.

Roeddwn i wedi cael croeso yn y tŷ capel gan John a
Nancy ac mi es ati'n syth i feddwl am gân. A hithau'n nesáu
at y flwyddyn dwy fil erbyn hynny, gofynnais i Nannw
Roberts ysgrifennu'r geiriau, a minnau'n gwneud yr alaw.
Cawsom ddigon o amser i'w rhoi at ei gilydd a chael Côr
Newydd Waunfawr i ganu yn y cefndir.

Un a oedd yn byw yn y pentref ac yn canu yn y côr oedd
fy mrawd, Brian. Roedd o'n mwynhau canu yn ofnadwy ac
yn dweud wrthyf bob hyn a hyn y basa fo wrth ei fodd yn
dod allan efo fi i gynnal nosweithiau. Roedd o a'i wraig,
Shirley, yn cadw busnes anghenion weldio yn lleol, sef
Weldpar. Roedd yna ddyfodol disglair i'r cwmni a phawb yn
canmol Brian fel un a oedd yn deall ei waith yn dda.

Ond dechreuodd gwyno efo'i iechyd a cholli pwysau.
Bu'n rhaid iddo fynd am brofion i'r ysbyty a doedd y
newyddion ddim yn dda. Ar ôl i ni golli Andrew yn un ar
hugain oed, yn dilyn blwyddyn o uffern, fe darodd yr un
afiechyd y teulu eto. Wedi deufis o salwch, bu farw Brian yn
2001 ac yntau'n ddim ond 44 oed. Gadawodd wraig a dau o
blant, Dafydd a Ieuan, ond mae Shirley yn ddewr iawn wedi
parhau â'r busnes.

Yn ystod y cyfnod yma, roedd y ferch ganol, Lynne, wedi
llwyddo i berswadio Jane, ei chwaer, mor cŵl oedd y bywyd
'bacpacio' yma. Felly, roedden nhw a'u cariadon wedi prynu
tocynnau i fynd rownd y byd. Mi fuon nhw i ffwrdd am
flwyddyn, yn Nghanada, Hawaii, Efrog Newydd, Awstralia,
yn hel afalau yn Seland Newydd, ac yna am y Dwyrain Pell.
Mi fuon nhw adra am rhyw flwyddyn ac i ffwrdd â nhw
wedyn i weld rhyfeddodau Camp Everest a De Affrica, a
llwyddo i godi arian at Ysgol Pendalar a Thŷ Gobaith ar yr
un pryd. Synnwn i ddim eu bod nhw wedi gweld bron
cymaint â'u tad erbyn hyn!

Profiad rhyfedd oedd cael yr alwad i mewn i swyddfa'r
Grid Cenedlaethol i gael cynnig ymddeoliad cynnar. Roedd
fy ngwaith yn dod i ben a minnau'n 53 oed ond wrth i mi
feddwl am y pethau oedd wedi digwydd yn y blynyddoedd
cynt, mi benderfynais ei dderbyn. 'Mae bywyd yn rhy fyr,'
meddwn i. 'Diolch yn fawr iawn.'

Mae'n siŵr bod y rhan fwyaf o bobol yn teimlo ar binnau
ar adegau arbennig yn eu bywyd, mewn cyfweliad gwaith,

neu wrth fynd ar gwrs a theimlo allan o'u dyfnder. Wel, dechreuais innau deimlo fel hyn. Roeddwn yn teimlo rhyw chwys mawr yn dod drosof a doeddwn i ddim eisiau gweld neb. Weithiau, pe bawn yn gweld rhywun yr oeddwn yn eu hadnabod mewn siop, byddwn yn mynd allan er mwyn osgoi gorfod siarad efo nhw. Doedd hyn ddim yn fy natur i o gwbl gan fy mod yn mwynhau siarad efo pawb. Doeddwn i erioed wedi deall y term *panic attack*, a wnes i erioed feddwl am y peth.

Deffrais un noson yn methu anadlu, yn teimlo fy hun yn mygu a 'mhen yn troi. Roeddwn yn benysgafn, yn teimlo pinnau yn fy mysedd a'r chwys yn pwmpio ohonof. Hefyd, roedd rhyw dyndra ar draws fy mrest. Mi ddychrynodd hyn Barbara a meddyliodd fy mod yn cael trawiad ar y galon.

'Wel, Babs,' meddwn i, 'Rydw i'n marw. Galwa'r ambiwlans!'

Roeddwn yn teimlo fel sgrechian, a phob math o bethau yn mynd drwy fy meddwl. Oeddwn i wedi cael sdrôc?

Ond ymhen rhyw chwarter awr mi ddois ataf fy hun a meddwl be ar y ddaear oedd hynna? Roeddwn i'n wan am tua deuddydd wedyn ac yn llawn ofn rhag ofn i mi ei gael eto. Dechreuais aros yn y tŷ rhag i mi gael pwl drwg yng nghwmni rhywun. Cyn mynd allan i ganu, roeddwn i'n teimlo'n sâl ac yn hel meddyliau bod pob math o afiechyd arnaf. Roedd mynd allan yn ymdrech ofnadwy.

Roeddwn ar bigau'r drain drwy'r amser, a dim ond y wraig sy'n gwybod sut un oeddwn i go iawn yn ystod y cyfnod hwnnw. Bu hi ar ei thraed efo fi drwy'r nos lawer gwaith, yn trio fy nghysuro nad oedd dim o'i le arna' i. Roedd hi'n un o fil ac yn y diwedd, mi gytunais i fynd at y doctor. Y fo ddefnyddiodd y term *panic attacks*. Dywedodd ei fod o naw deg naw y cant yn sicr nad oedd dim byd yn bod arna' i. Wrth gwrs, roedd o'n iawn, ond fedrwn i ddim credu hynny pan oedd y pyliau yma'n digwydd.

Fel mae'n digwydd bod, aeth hyn yn waeth wedi i mi ymddeol. Am gyfnod o tua blwyddyn a hanner, roeddwn yn treulio cyfnodau yn fy 'stafell wely heb fod eisiau gweld neb. Mae cariad y ferch yn gweithio fel paramedic i'r Gwasanaeth Ambiwlans a bu yntau'n ceisio codi 'nghalon a dweud nad oedd dim yn bod arna' i. I wneud pethau'n waeth, roedd iselder wedi cael gafael ynof hefyd am nad oeddwn yn gweld fy hun yn mendio.

Cefais fy ngyrru i weld arbenigwr sawl tro. Roeddwn yn cyrraedd Ysbyty Gwynedd yn chwys doman a'r galon yn rasio, a'r munud yr oedd y meddyg yn dweud bod bob dim yn iawn, roeddwn innau'n teimlo fy hun yn well.

Penderfynodd Barbara y byddai gwyliau yn Sbaen yn gwneud lles i mi. Cytunais innau i'w drio am wythnos, ond yr ail noson yno mi gefais y pwl gwaetha un. Roedd hi ar ei thraed drwy'r nos efo fi ac yn sychu fy nhalcen efo cadach gwlyb. Fedrwn i ddim meddwl teithio ar y bws i unlle, a threuliais y rhan fwyaf o'r gwyliau yn y stafell.

Erbyn hyn, roedd y salwch yn amharu ar ein bywydau a dyma fynd at y doctor a chyfaddef fy mod yn cael trafferth dygymod â phethau. Wrth fynd i'w weld bob hyn a hyn, dechreuodd pethau wellau'n raddol. Cyn belled ag nad oedd dim byd newydd yn digwydd, roeddwn yn o lew.

Wrth reswm, roedd hyn yn cael effaith ar y canu. Roeddwn yn canu yn y *Gresham* un waith a'r unig beth wnes i oedd gorwedd yn fy ngwely drwy'r dydd yn poeni am wynebu'r gynulleidfa. Cyfaddefais wrth Tony rhyw hanner awr cyn dechrau nad oeddwn i wedi bod yn dda yn ddiweddar. Ond roedd yn rhaid canu ac ymhen rhyw chwarter awr ar y llwyfan, deuthum ataf fy hun yn o lew.

Rydw i wedi gwella erbyn hyn ond mae arna' i ofn y bydd hwn efo fi am byth. Wedi dysgu dygymod efo fo yr ydw i. Doeddwn i erioed wedi bod yn un i boeni, er i mi drafeilio'r byd a bod mewn sefyllfaoedd reit anodd weithiau. Ond mae popeth yn dal i fyny â rhywun, efo'r holl salwch teuluol a'r profedigaethau, yr ymddeoliad cynnar a'r newid gwaith. Roedd hyn yn siŵr o adael ei ôl.

Ac yna, ar ddechrau Ionawr 2006, aeth fy chwaer, Sharon i'r ysbyty. Doedd hi erioed wedi bod yn cwyno o gwbl ac wedi dathlu ei phen-blwydd yn 47 y dydd Sul cynt. Roedd hi'n mwynhau ei bywyd i'r eithaf ym myd y ceffylau, ac yn ennill gwobrau wrth deithio'r wlad yn eu harddangos. Roedd hi a'i gŵr, John, yn cadw busnes llefrith ym mhentref Bethel ger Caernarfon. Yn anffodus, bu farw Sharon y dydd Gwener wedyn, gan adael ei gŵr a thri o blant. Roedd yr hen salwch creulon oedd wedi mynd â dau frawd oddi wrthym wedi taro'r teulu eto.

Roedd hi'n anodd iawn derbyn a dygymod â'r golled honno. Fe gollon ni chwaer annwyl a oedd mor hapus a pharod ei gwên bob tro.

Ond fel y mae Neville yn sôn yn 'Potel Fach o Win', er bod yr heulwen yn cael ei guddio gan gwmwl creulon du, mae bywyd yn mynd yn ei flaen. Erbyn hyn, mae fy mhlant wedi setlo, Jane gydag Alun Vaughan sy'n rhedwr mynydd adnabyddus ac wedi cynrychioli ei wlad. Mae'r ddau newydd gael hogyn bach ac yn byw heb fod ymhell yn y Felinheli.

Mi fydda inna'n cael mynd efo Alun o dro i dro i gerdded y mynyddoedd. Mae hyn yn un o'r pethau y bydd y wraig a minnau'n mwynhau ei wneud, yn enwedig gan nad oes yna beilon i'w ddringo ar ôl cyrraedd! Mi fyddwn ni'n mynd am Ardal y Llynnoedd i gerdded rhyw unwaith y flwyddyn.

Mae Lynne, y ferch ganol, hefyd yn byw yn y Felin efo'i chymar Emyr. Mae ganddyn nhw ferch fach sydd wrth ei bodd yn nhŷ Nain a Taid yn Nhan y Maes. Yn anffodus, gwahanodd Neil a'i wraig ond mae yntau'n byw yn reit agos yng Nghaernarfon ac yn galw efo'r plant o dro i dro.

Ar hyn o bryd, mae gen i waith yn mynd â phlant bach dan anfantais i Ysgol Pendalar bob bore. Rydw i wrth fy modd efo nhw. Y canu yw'r diddordeb pennaf wrth gwrs, ond mi fydda' i'n mynd i nofio rhyw unwaith neu ddwy yr wythnos. Profiad newydd ac un y gwnes i ei fwynhau oedd gwneud rhaglen radio am y Llynges Gymreig efo Dafydd Meirion. A does dim rhaid dweud bod byw yn y Felinheli yn yr haf fel byw ar y Riviera, efo cymaint o bethau'n digwydd ar lan y môr.

Pan fydd yna syniad yn dod i 'mhen i, mi fydda' i'n sgwennu ambell i gân ac yn rhoi caniad i Bob i ddweud bod gen i un ar y gweill.

'Tyrd i fyny i'r stiwdio,' fydd o'n ei ddweud, ac yno y byddwn ni'n treulio amser yn rhoi pethau efo'i gilydd.

Tra oedd Neil yn yr ysbyty, roeddwn i wedi prynu mandolin iddo, i drio codi ei galon. Mae'n anodd credu erbyn heddiw, ond roedd o'n rhy wan i godi gitâr. Mi gymerodd ddiddordeb ynddi yn syth ac erbyn hyn, mi fyddwn ni'n dod â'r mandolin i mewn i'r sioe. Rydw i'n credu mewn rhoi amrywiaeth i'r noson, caneuon Gwyddelig, caneuon o'r chwedegau, ond y rhan fwyaf yn ganeuon gen i fy hun.

Mi fûm yn cyboli efo'r organ geg erioed a phenderfynais brynu fideo yn dangos sut i wella fy hun. Anfonais e-bost i un o'r chwaraewyr gorau yn y byd, Charlie McCoy. Doeddwn i ddim yn disgwyl ateb ond ymhen rhyw bythefnos, daeth cryno ddisg drwy'r post gyda'i ganeuon a'r cordiau wedi eu hysgrifennu i mi. Roedd yna nodyn bach hefyd, *'To Dylan from Charlie McCoy. Good luck and keep on harpin!'*

Mi fydda' i'n cael llawer iawn o bleser o hyn ac rydw i wedi chwarae ar gryno ddisg Dylan a Neil, a hefyd yn ddiweddar efo Meinir Gwilym, Iwcs a Susan Williams.

Ymunodd Neil a finna â Radio Ysbyty Gwynedd yn 2003 a byddwn yn treulio awr yno bob wythnos yn troi'r disgiau. Mi fyddwn ni hefyd yn mwynhau crwydro'r wardiau a chyfarfod â'r cleifion, a gobeithio ein bod yn rhoi rhywfaint o gysur iddynt, yn union fel y cafodd Neil gysur wrth wrando ar y radio pan oedd o yno'n wael.

Efo Neil wedi gwella'n ddigon da, mae yna dri ohonom rŵan yn crwydro'r wlad i wneud cyngherddau. Rydan ni'n mwynhau mynd, yn enwedig y tripiau i Blackpool gyda llond bws i'r *Gresham*. Y cryno ddisg diwethaf wnaethon ni oedd *Y Byd yn ei Le*, efo'r rhan fwyaf o'r caneuon yn rhai gwreiddiol gen i.

Dydi'r gwaith canu ddim yn cyrraedd fel yn nyddiau'r *Castaways* a Traed Wadin, ond pwy sydd eisiau bod allan bob nos? O'r diwedd, rwyf yn cael amser i ymlacio a gweld mwy ar y teulu. Rydw i'n mwynhau'r miwsig yn fwy nag erioed, a chael mynd allan i gyfarfod y bobol rydan ni wedi dod yn ffrindiau efo nhw dros y blynyddoedd. Erbyn hyn, rydw i'n cael y gorau o ddau fyd.

Pont y Cim

Os fedrwch chi gael amser,
Ewch am dro ar bnawn dydd Sul
Rhwng Caernarfon a Phwllheli
Lle mae'r ffordd yn mynd yn gul;

Mynd heibio Plas Glynllifon,
Dau eryr a llew mawr,
Rydach chi bron iawn ym Mhontllyfni,
Amser nawr i chi arafu lawr.

Cytgan:
Mynd mae'r afon yn ddigofus,
Awyr las sydd uwch ei phen,
Ambell frithyll sydd yn neidio
Am y pry sydd uwch ei ben;
Ond wrth weld prydferthwch heddiw,
Fasach chi yn meddwl dim,
Catherine Bwcle gollodd gariad
Yn afon Llyfni, Pont y Cim.

Ym Mrynaerau cefais hanes
Wrth wrando ar Annie Kate,
Hywel ddaeth ar gefn ei geffyl
O Lanaelhaearn ar ei ddêt.
Roedd hi'n noson fawr a stormus,
Aent i'r afon dros eu pen,
Dim un o'r ddau wnaeth gyrraedd
Catherine Bwcle yn Eithinog Wen.

Cytgan:
Mynd mae'r afon ...

Ond boddi a wnaeth Hywel,
Colled Catherine o gael gŵr,
Gaddo wnaeth y cyngor plwy'
I godi pont i fynd dros y dŵr;
Do, fe dalodd hi ugain profens,
Does dim byd i'w gael am ddim,
Cafodd Catherine ei chofgolofn
I gofio am Hywel ym Mhont y Cim.

Geiriau ac alaw: Dylan a Bob (neu Bob Dylan!)

139